Dieses Buch habe ich für alle Menschen geschrieben, die unschuldig, in die Hartz IV Falle gerutscht sind.

Ich möchte all denen Mut machen und ihnen hiermit sagen, dass sie niemals aufgeben und niemals ihren Stolz verlieren dürfen.

All of them own the world, who use their power for love and intelligence. These people can not be destroyed because they are immortal.

Eure

Martina Figge

Glaubt an Euch und behaltet Euren Stolz…Hartz IV ist kein Makel

Jeder von uns hatte schon mal Angst um seinen Arbeitsplatz. In der heutigen Zeit ist das ganz normal, so traurig es auch ist. Viele Firmen arbeiten mit der Angst ihrer Mitarbeiter, um sie so besser gangeln und niedrig halten zu können.

Gehaltserhöhungen, so korrekt die Arbeit auch verrichtet wurde, blieben ein süßer Traum und Überstunden sollen genommen werden, ja……,wenn dann die Möglichkeit besteht. Dass ausbezahlte Überstunden ein Hohn sind, weiß auch mittlerweile jeder. Auch hier in Deutschland gibt es tausende von Menschen, die noch einen Nebenjob haben, haben müssen. Viele von ihnen quälen sich auch mit einem 3. oder 4. Job herum, nur um die Miete bezahlen zu können oder aber etwas besser leben zu dürfen, als andere. Das dadurch aber den meisten die Zeit fehlt, um richtig leben zu können, ist den wenigsten bewusst. Sie rennen von einem zum anderen Termin und abends brechen sie erschöpft zusammen. Der Vorgesetzte hingegen liegt entspannt in seinem Pool oder auf seiner Terrasse und weiß manchmal noch nicht einmal wie man richtig heißt, sollt es sich um ein großes Unternehmen handeln. Unsere Welt wird immer anonymer, kälter, einseitiger und egoistischer. Jeder sieht nur sich, überrennt den anderen und verspürt kein Verlangen mehr für ein freundliches Wort oder gar ein Lächeln….einfach nur so. Aber genau diese Leute beschweren sich über die Kälte in dieser Welt, obwohl sie die Initiatoren der Gleichgültigkeit und Kälte sind.

Unsere Welt ist paradox geworden und das tut manchmal sehr weh. Wenn dann das Unglück zuschlägt und der Vorgesetzte von Kündigung redet, zieht das ganze bisherige Leben an einem vorbei. Ist es Euch, wenn ihr auch davon jemals betroffen ward, auch aufgefallen, dass Eure Freunde plötzlich wenig Zeit für Euch haben oder nur schwarzsehen? So nach dem Motto: jetzt musst du den Gürtel enger schnallen, hast du irgendwas falsch gemacht? usw. usw. Natürlich, Ihr habt 40 Jahre in einem Unternehmen gearbeitet, ward immer pünktlich, kaum krank und habt Euch für die Firma engagiert, deswegen habt Ihr ja auch Fehler gemacht, die dann zu einer Kündigung führten. Ihr seid an allem Schuld. Nicht die Reduzierung der Arbeitsplätze am Standort oder der Mitarbeiterabbau aufgrund von Zeitarbeitern, die Eure Arbeit viel billiger erledigen und auch nicht weil jetzt ein Callcenter Eure Aufgaben übernimmt. Nein, nur Ihr seid schuld, fühlt Euch gefälligst auch so. Und so unterwürfig, trotz innerer Explosionsgefahr im Bauch, vor Wut, trottet Ihr zum Arbeitsamt. Hilfesuchend , in der Gewissheit unhöflich abgewiesen zu werden, weil Ihr ja schon über 15 seid. Eure Arbeitsqualität, die immer einwandfrei war und den höchsten Ansprüchen genügte, Euer Einsatz für die Firma, Eure Pünktlichkeit, all das geht in Rauch auf, wenn Ihr die Schwelle zum Arbeitsamt überschreitet

Denkt doch mal an früher, als Ihr eine Lehrstelle gesucht habt. Gut, bei jedem war es anders, der eine bekam sie schneller, der andere weniger schnell, aber….eins war doch da noch wertvoll: der Mensch. Der Lehrmeister war der

Herrscher über allem in den 8 oder 12 Stunden der Lehre am Tag. Lehrjahre sind keine Herrenjahre, wer kennt diesen Spruch nicht. Wir kannten ihn alle und haben uns danach gerichtet. Nicht immer einwandfrei, warum auch, wir waren schließlich jung und unerfahren. Was waren Gesetze für uns, Grenzen oder Vorsicht, Achtsamkeit. Es waren langweilige Attribute in einem aufregenden Leben, was uns da draußen erwartete. Wir hatten Spaß am Leben, waren aufgeregt und hatten große Ziele. Arbeitslosigkeit gab es nicht, das Wort war uns fremd, denn hier wurden noch Menschen gebraucht. Menschen, die eine Lehre machten, die später vom Ausbilder übernommen wurden. Die hatten eine Perspektive, einen Goldschatz, der unschätzbar war. Und vor allen Dingen eine Sicherheit für die Zukunft, für den Familienaufbau, für das Ansparen von Guthaben, um davon in Urlaub zu fahren oder sich ein Auto zu kaufen. Ja, all diese Träume konnte man sich damals erfüllen, weil man arbeitete, weil man fleißig war, weil man den Willen dazu hatte und weil man den Menschen wollte. Wie oft wurden einige von Euch zu Schulungen gebeten. Weiterbildung war ein großes Gut, auch eine gewisse Sicherheit. Oder wie war das, Ihr seid früher als normal zur Arbeit gekommen. Dem Arbeitsgeber zeigen, dass man Interesse hat, man die Firma liebte, zu ihr gehört. Viele von Euch sind auch mit Sicherheit zur Arbeit gegangen, obwohl sie krank waren, aus Angst den Job zu verlieren. Die gesundheitlichen Folgen, die daraus entstanden, wurden natürlich verschwiegen. Man war ja stolz stark gewesen zu sein, obwohl man an der nächsten Ecke die

Hände vor das Gesicht gehalten hat, weil man fürchterlich weinen musste. Loyalität gegenüber der Firma war ein geschliffener Diamant. Wertvoll, einzigartig, wundervoll, nur sehr einseitig, nicht wahr? Wie oft habt Ihr abends in die Kissen geweint, geflucht, Diskussionen geführt, in der Küche mit Euren Partnern. Wie oft, vor Wut, Tassen zerworfen und geschrien: ich kann nicht mehr, ich will nicht mehr. Und morgens früh? Standen alle wieder an der Bushaltestelle oder vor ihrem Auto und sind den bekannten Weg zur Firma gefahren. Ihr auch. Aufgeben wolltet Ihr eigentlich nie, es ging ja auch nicht. Viele von Euch hatten Kinder und ein Haus auf Kredit, so wie es nun mal war. Das Geld musste rein, auch wenn man manchmal auf Brustwarzen lief. Der Betriebsrat war auch oft oder sogar sehr oft überfordert. Ihr habt ihm zugejubelt, ihn angefeuert, weil er für Euch kämpfte, aber was kam dann dabei raus? 2,2 % oder etwas mehr oder aber auch manchmal etwas weniger und Ihr solltet glücklich nach Hause gehen. Nach Abzug der Steuern habt Ihr alle draufgezahlt, aber wen interessiert das? Niemanden. Die Bonzen selbst gingen auch nach Hause oder saßen schon dort, mit zufriedenem Gesicht und klopfen sich auf die Schultern. Nachts habt Ihr gekämpft, nicht wahr? Eure Sorgen runtergebrüllt, Eure Seele freigeredet, auf den Tisch gehauen. Ihr habt alle aufgerufen zur Gegenwehr, zum Kampf um Eure Arbeitsplätze, aber…..verlorene Träume, zerstörte Ideale, aber noch schlimmer, zerstörte Gefühle. Und niemand hat Euch zugehört, niemand war da, als Ihr aufgewacht wart, der Euch hätte helfen können. Der Kampf ums nackte

Überleben hat Euch immer wieder stark gemacht und Euch aufgefordert durchzuhalten. Wenn Ihr in die Augen Eurer Frauen und Kinder gesehen habt, dann wusstet Ihr, warum Ihr jeden Morgen aufsteht und zur Arbeit geht. Sie waren der Grund, warum Ihr Euch aufrecht gehalten habt und stark wart. In ihren Augen habt Ihr die Kraft und den Mut gesehen, den Ihr aufbringen musstet, um trotz Übelkeit, Erkältung und furchtbarer Traurigkeit und lähmende Angst zur Arbeit zu gehen. Für sie.

Ein großes Ungeheuer in der heutigen Arbeitswelt ist das Alter. Wie eine gefährliche Krankheit durchzieht es die Seelen derer, denen gekündigt wurde. In den Medien dagegen wird immer wieder berichtet, dass die Alten, gerade die Alten es sind, die gebraucht werden. Ich lache mal kurz......Die

Alten sind die jungen Arbeitslosen von morgen, denn auf dem Arbeitsmarkt ist man mit 40 schon alt. Ich selbst kannte einen Banker, dem wurde aufgrund von Personalkürzungen (warum auch nicht, es gibt ja genug Automaten, die arbeiten wollen) gekündigt. Er war 41, er hatte seinen Job von der Pike auf gelernt, sich für das Alter eine Eigentumswohnung zugelegt und dachte, alles würde so weiterlaufen, wie bisher. Nein, dem war nicht so. Er stand auf der Straße und das Arbeitsamt sagte ihm, er wäre zu alt und er könnte ja in einer Tablettenfabrik Medikamente einsortieren, in drei Schichten. Ein Banker, jung, dynamisch, voller Träume und Enthusiasmus, sitzt im Arbeitsamt und muss sich so etwas sagen lassen. Wo geht das alles noch hin? Was auch wirklich wütend macht ist die Tatsache, dass man mit 58 schon nach einem Sarg gucken sollte. Denn…bewerbt Euch mit 58 und Ihr werdet wunde Hände haben vom Schreiben. Mit 58 gekündigt zu werden oder auch mit 54 ist der Untergang des positiven Denkens. Mit einem mitleidigen Blick sitzen dann die Herrschaften auf dem Arbeitsamt hinter ihren Schreibtischen und wackeln, wie ein Dackel, mit dem Kopf. „Das müssen Sie verstehen, Sie sind in einem Alter, wo die Krankheiten beginnen und Sie wollen doch der Jungend auch so nicht im Wege stehen." Wie gut, dass es keinen einzigen jugendlichen Arbeitslosen gibt, nicht wahr? Das haben wir geschaffen, weil wir ab 40 oder ab 50 arbeitslos sind. Ja, hauen wir uns auf die Schultern. Gut gemacht. Bravo.

Und wenn Ihr schon Rentner seid und man den einen oder anderen von Euch doch noch in die Betriebe holt, dann müsst Ihr aber aufpassen, dass Euer Zuverdienst nicht der Rente angerechnet wird, denn dann bekommt Ihr nachher weniger als vorher. Also, das heißt, den morgendlichen Glascontainerbesuch, das Zeitungaustragen und das Mülleimerschauen nicht ganz in den Hintergrund verbannen. Man weiß ja nie, was noch kommt. Jemand der 12 Tausend Euro im Monat verdient, weiß natürlich wie man mit 370 Euro den Monat zurechtkommt und dass man nicht in die Mülleimer sieht, um zu überprüfen, ob der Müll auch ordentlich dort drin liegt, sondern weil man etwas Essbares oder Pfand dort finden könnte. Aber das wissen diese Leute natürlich ganz genau. Sie kennen das Gefühl der Scham, der Resignation, der Hilflosigkeit, natürlich. Sie kennen die Kraft, die man braucht, um seiner Familie in die Augen zu sehen,

13

immer mit den gleichen Worten: das können wir uns nicht leisten. Natürlich. Aber die Statistik hellt alles wieder auf.

Wenn man die Politiker reden hört, dann sehen wir Bürger sowieso alles viel zu schwarz. Ich wusste gar nicht, dass man etwas noch schwärzer sehen kann als schwarz. Aber wir sind ja auch nicht so klug, wie die Damen und Herren dort drüben in Berlin. Wir doch nicht. Wir wählen sie zwar, ja und das ist der einzige Tag im Jahr, an dem Demokratie herrscht: wir dürfen freiwillig wählen. Es kommt zwar immer dasselbe dabei raus, aber wir durften an die frische Luft, an einem Sonntag, nach der Kirche selbstverständlich und zwei Kreuzchen machen. Hurra und alles demokratisch und, wie gesagt, freiwillig. Das muss gefeiert werden. Jetzt, wo die Weihnachtstage immer näher kommen, wird die Angst um den Arbeitsplatz immer stärker. Es wird ruhiger in vielen Betrieben und die Geschäftsleitungen sitzen zusammen und überlegen, ob es nicht auch mit weniger Personal liefe. Personalkosten sind die höchsten Kosten und die gilt es natürlich immer klein zu halten. Also rausschmeißen. Augen zu und durch. Diese Angst färbt auch auf die Familie ab, auf die Kinder, ja auch auf die Oma. Man hat Angst zu planen, ja manchmal hat man sogar Angst vor dem nächsten Tag. Grüßt der Chef mich auch so wie immer oder ist er heute etwas anders? Er sieht mich so komisch an, seine Stimme ist anders als sonst. Alles Hirngespinnste, die den Menschen auffressen, langsam aber gründlich. Und mit diesen Ängsten kommen dann auch die Krankheiten, die seelischen Verspannungen, die körperlichen

Schmerzen, die meistens nicht sofort erkannt werden oder als Einbildung abgetan werden, obwohl sie akut und gefährlich sind. Kopfschmerzen sind meistens die ersten Anzeichen, Abgeschlagenheit, Müdigkeit und Schmerzen im Nackenbereich sind dann die nächsten Stufen zu einer irrsinnigen Invasion. Und noch immer kämpft Ihr weiter, es muss ja weitergehen und hört nicht auf die Hilferufe Eures Körpers. Wenn die Seele unglücklich ist, dann versucht sie die Schmerzen auf den Körper zu verteilen, um sich zu entlasten. Die Folgen sind fatal, wenn man das nicht erkennt oder einfach ignoriert. Die Arbeitgeber ignorieren solche Sachen immer sehr gerne, weil sie keine Zeit für Gespräche oder Aufklärungen haben, aber auch keine Zeit für ein offenes und ehrliches Wort. Der Arbeitnehmerschutz, bei Krankheit, ist von der

Politik zwar erheblich verbessert worden, wird aber in den meisten Firmen kaum praktiziert. Auch eine Unterstützung in Form von Gesprächen in der Ausfallphase ist eher selten, weil das Interesse an kranken Mitarbeitern verschwindend gering ist. Wenn du nicht mehr funktionierst, wie es verlangt wird, dann bist du raus. Ganz einfach. Dann wird, wenn überhaupt, ein jüngerer Kollege eingestellt oder aber gar nicht. Dann bleibt dein Platz eben frei und die anderen können dann für dich auch noch mitarbeiten. Wenn Ihr Euch dann beschwert, fliegt der nächste. Irgendeiner bleibt schon übrig, um die Arbeit zu leisten und der wird schon aus Angst nicht ausfallen. Bestimmt nicht, es sei denn er stirbt, aber das ist dann die größte Frechheit, die er sich leisten könnte. So sind wir alle Spielbälle zwischen Politik und Konzern. Und es wird sich niemals etwas daran ändern.

Die Angst um den Arbeitsplatz birgt auch noch andere Tücken in sich, nämlich das Ansteigen der Fehlerquote. Unsicherheit ist der Nährboden für Fehler, Konzentrationsmangel und Lustlosigkeit gehen Hand in Hand und die Fehler sind unaufhaltsam. Wenn Ihr jemanden zu Hause habt, mit dem Ihr reden könnt, ist das ein großer Vorteil, aber es ist selten, dass sich Familienmitglieder um die Sorgen ihrer Leute kümmern. „Ich habe im Moment leider keine Zeit", das ist ein Satz, der schon ganz blass geworden ist, weil er zum Standardsatz wurde. Leider wird er auch von Freunden benutzt, die dann plötzlich nicht mehr erreichbar sind. In der Not erkennst du deine Freunde, ist ein altes Sprichwort und es hat immer noch Gültigkeit, leider. Ihr habt einem Freund bestimmt schon mal aus der Klemme geholfen, wart für ihn da und habt alle Hebel in Bewegung gesetzt, um ihn wieder glücklich zu machen und dann seid Ihr in die Lage gekommen, wo man einen Freund gebraucht hätte und niemand war da. Ja, es schmerzt ungeheuerlich und es brennt Narben auf die Seele, die niemals mehr verschwinden, aber man muss damit leben, so schwer es auch ist.

Ich spreche jetzt mal die Männer an, die stolz darauf waren, dass ihre Frauen auch mitarbeiteten und sie sich somit ein Häuschen leisten konnten oder aber ein schickes Auto und unbeschwerten Urlaub. Jahrelang hatte man geschuftet und gespart, ja auch für die schlechten Zeiten. Aber…..dass die schlechten Zeiten wirklich einmal eintreten würden, daran hattet Ihr nie geglaubt. Und jetzt war es so. Euren Frauen wurde aus Gründen gekündigt, die eigentlich lächerlich und nicht zu erklären waren. Natürlich gab es immer jemanden, der viel billiger arbeitet oder bereit war Überstunden zu machen ohne Bezahlung. Ja, wie konnten Eure Frauen denn darauf bestehen, für geleistete Arbeiten auch noch bezahlt zu werden. Ist doch wohl nicht wahr. Wir Frauen waren ja seit je her im Hintertreffen. Wir konnten noch so viel leisten oder auch noch so viel Aus- und Weiterbildungen vorweisen, es war alles nichts wert. Jedenfalls nicht so viel wert, wie bei einem Mann. Obwohl wir ja für Multitasking bekannt sind. Wir erziehen alleine zwei Kinder, gehen Vollzeit arbeiten, füttern nebenbei noch die Oma, machen Weiterbildungen in der Abendschule und suchen dann noch nach dem Sinn des Lebens und nach einer neuen Liebe. Aber eins ist sicher, wir Frauen sind auf keinen Fall belastbar, nein, nicht so wie die Männer, niemals. So und wenn man nun als Ehepaar mit der Arbeitskraft seiner Frau rechnet und sie dann gekündigt wird, brechen Welten zusammen. Alles zerplatzt in tausend Stücke, aber wir kennen ja den Spruch: wir schaffen das!

Gemeinsam sind wir stark, nur auf dem Arbeitsmarkt sieht das oft anders aus, denn gemeinsam etwas schaffen bedeutet auch im Team, in einer Gruppe, in einer Familie zusammenzuarbeiten, aber wenn von außen dieses Vorhaben durch Kündigungen zerstört werden, dann ist jede Vorstellung von einem intakten Zusammenhalt gestorben. Für immer. Viele von Euch kämpfen sich in der Firma hoch, machen Schulungen mit und freuen sich auf ein Schulterklopfen vom Chef. Überstunden – kein Thema und Verzicht auf Weihnachtsgeld zugunsten der Firma – kein Thema. Ihr wollt, dass es der Firma gut geht, aber will die Firma das auch, dass es Euch gut geht? Ein zweischneidiges Schwert, wenn man genau darüber nachdenkt. Wenn Ihr 20 Jahre oder mehr in einer Firma arbeitet und der Firma geht es schlecht, dann werdet Ihr solidarisch gegenüber der Firma handeln, sie also nicht im Stich lassen, aber……………Warum diese Unterschiede, warum dieses gegeneinander, anstatt miteinander zu leben und zu arbeiten? Ich glaube auch, dass viel weniger Menschen selbst kündigen, wenn es harmonischer in den Firmen zugehen würde und der Mensch noch als Erstes auf der Liste stehen würde. Die Menschen machen doch die Firma aus, wir sind das Herzstück der Unternehmen, mit uns steht und fällt das Universum.

Sklavenarbeit ist verboten, aber was ist mit den Zeitarbeitsfirmen? Für mich sind das Sklavenhändler. Stecken sich 80 % der Bezahlung ein und der Mitarbeiter bekommt den kläglichen Rest. Diese Mitarbeiter werden hin- und her geschossen und nicht allzu gut behandelt. Wie oft wird ihnen gedroht, wenn mal eine Unstimmigkeit vorkommt oder eine Diskrepanz zwischen Arbeitgeber und Arbeitsstelle herrscht. Der Mitarbeiter der Zeitarbeitsfirma zieht immer den Kürzeren. Und kann dann ja auch schnell gekündigt werden, ohne großen Aufwand. Wer ist er denn schon? Es müsste ein Schild geben: Schnauze halten und arbeiten. Es wäre ein Geschenk für alle Zeitarbeitsfirmen, dann gebe es keine Probleme mehr mit den lästigen Mitarbeitern und die Firmen hätten den Weg frei, für den modernen Sklavenhandel.

Was auch als Phänomen gehandelt wird ist, dass, wenn kurz vor Weihnachten gekündigt wird, die Diebstahlrate ansteigt. Ja, um Gottes Willen, sind das dann die Leute, die ihren Job verloren haben oder wie soll man diese Aussage werten? Es ist eine Beleidigung solche Äußerungen von sich zu geben. Die Welt trampelt auf Seelen herum und macht sie noch mehr kaputt. Arbeitslos sein ist wohl nicht genug.

Eine gewisse Zeit der Arbeitslosigkeit kann noch hingenommen werden, man bewirbt sich, obwohl man die Absage schon spüren kann. Das Alter ist mal wieder die

Nummer 1 unter den Absagen oder man kann zu viel, man ist unterfordert in dem jeweiligen angebotenen Job. Das ich nicht lache. Der wahre Grund ist, dass die Leute zu teuer sind für ein Unternehmen, deswegen nehmen sie ja Leiharbeiter oder lassen die Menschen ganz weg und konzentrieren sich z. B. auf einen Knopf aus Silikon der dann die ganze Arbeit macht. Keine Krankheiten, keine Ausfälle, kein Weihnachtsgeld und keine Rentenzahlungen, ja toll. Ich begrüße die absolut kalte und sterbende Welt. Dann kommt der Tag, an dem das Arbeitslosengeld in Hartz IV umgewandelt wird und eine grausame Zeit beginnt. Von dem Tag an werden die Menschen wie Dreck behandelt. Niemand macht sich die Mühe und hinterfragt diese Situationen. Es wird geurteilt auf Teufel komm raus. Die Nase wird gerümpft beim Anblick eines „Hartzers". Sie sind Aussätzige, nicht von dieser Welt, Schmarotzer des Staates und Faulpelze. Jeder interpretiert etwas anderes in diese Menschen, Hauptsache es ist hässlich und abwertend und verletzt denjenigen bis auf´s Blut. Dann hat man es richtig gemacht. Wisst Ihr was? Ich verabscheue solche Menschen, die andere Menschen so mies behandeln. Sie sind nicht in der furchtbaren Lage arbeitslos zu sein, sie wissen nicht, was es heißt von einem Amt abhängig zu sein, welches die Menschen wie Abfall behandelt. Habt Ihr schon mal auf dem Arbeitsamt einen Menschen gesehen, der gelächelt hat? Der wusste was Freundlichkeit ist oder habt Ihr auch immer das Treppchen gesucht, auf dem Euer Gegenüber stand und Ihr Euch gewundert habt, warum dieser Mensch so hochtrabend war? Ihr werdet keinen Mann und keine Frau auf diesem Amt finden, die Euch freundlich auch nur den Weg bis zum Ausgang erklären kann. Und wehe Ihr setzt Euch hin, bevor die Dame oder der Herr es erlaubt hat, dann seid Ihr sowieso schon unten durch und sie haben nur eine Stelle als Cloputzer für Euch. Ich habe einen Freund zu diesem Amt begleitet und wenn es erlaubt gewesen wäre Waffen zu benutzen, dann könnt Ihr Euch sicherlich ausmalen, was ich getan hätte. So etwas Abscheuliches, wie diese Leute an diesem Tag waren, habe ich noch nie kennengelernt. Sie waren so derb, dass mein Freund anfing, vor Wut, zu weinen und das kannte ich bei ihm nicht. Dafür, dass man Seelen mutwillig zerstört, müsste es auch hohe Strafen geben. Ich würde sofort dafür plädieren.

Das Schlimmste ist auch, wenn Politiker dann erzählen, sie wüssten, wie man mit Hartz IV lebt. Ja, wirklich? Sie verdienen 15.000 Euro im Monat und wissen, wie man mit 400 Euro lebt? Sie leben in einem großen Haus oder Villa und wissen, wie man mit 2 Erwachsenen und 2 Kindern auf 50 qm lebt? Ja, wirklich? Faszinierend finde ich das, wie diese Politiker sich in die Menschen reindenken und reinfühlen können, nicht wahr? Sie sind wahre Künstler, denke ich. Aber wenn man ihnen vorschlägt doch mal in solch einer Umgebung, ein paar Wochen zu wohnen, dann sind sie auf dem Ohr plötzlich taub und sehen es gar nicht ein, das zu tun. Ja, sie sind ihrem Volk, welches sie wählt, schon sehr nahe, muss ich sagen. Ich werde nur immer wütender durch solche Begebenheiten. Aber wir können uns noch so aufregen, es wird sich erst einmal nichts ändern und gegen die Einstellungen mancher Menschen anderen Menschen gegenüber, die einfach mal Pech hatten, sind wir machtlos. Und die Aussage von anderen Menschen: ja, ich verstehe dich sehr gut, kann man in die Tonne kloppen. Diese Menschen haben entweder einen guten Job oder sind anderweitig bestens versorgt. Solche Phrasen schmerzen nur noch mehr, weil sie gelogen sind.

Jetzt, zur Weihnachtszeit sehe ich so oft Menschen betteln. Entweder sie sitzen an Schaufenstern oder sie gehen in der Stadt hin und her, haben einen Becher bei sich und bitten um einen Euro. Diese Menschen sind keine Faulpelze. Hinter jedem dieser Menschen steckt ein Schicksal, eine Geschichte, manchmal eine grausame Geschichte. Um diese zu erfahren oder um Hilfe anzubieten, genügt es nicht, im einen Euro in den Becher zu werfen und freundlich zu sagen: Fröhliche Weihnachten…..Welch´ Lüge versteckt sich hinter diesen Worten. Wir gehen in unsere warmen Wohnungen und kaufen noch schnell das eine oder andere ein, damit wir unseren Magen füllen können. Gemütlich und genüsslich sitzen wir dann auf unseren Sofas und feiern die Weihnachtszeit. Denken wir dann auch an die, die keine Wohnung haben oder die Hunger haben? Es geht nicht immer nur um Kinder, nein erwachsene Männer z.B. die damals eine Familie gründeten, die einen guten Job hatten. Plötzlich verändert sich alles, durch Scheidung oder Arbeitslosigkeit. Jeden kann es treffen und es geht nichts schneller als dann in die Hartz IV Falle zu rutschen. Die Ämter tun das Nötigste, aber nicht das Wichtigste. Gut, sie können sich nicht um die Seelen der Menschen kümmern, aber etwas mehr Wärme wäre schon angebracht. Wir schimpfen alle über die heutige kalte Welt, aber niemand ändert etwas. Niemand erfasst die Chance, wenn er einen armen Menschen auf der Straße trifft, zu hinterfragen, was ist passiert, wie ist das alles geschehen. Ein Gespräch, etwas Zeit nehmen, Trost spenden oder vielleicht zu helfen, die Misere zu beenden, durch Kontakte oder Beziehungen. Nein, wir machen lieber die Tür zu und haben unsere Ruhe. Was kümmern mich die Menschen da draußen, mir geht es gut, das ist genug. Auch Ihr, liebe Leser und Leserinnen, wenn es Euch noch gut geht, könnt in diese Falle rutschen und es ist ein Scheißgefühl. Die Welt da draußen kümmert sich nur um Sieger, die Leute, die auf der Strecke bleiben, werden verachtet und alleine gelassen. Fröhliche Weihnachten......überall....

Millionen Menschen sehen Fernsehfilme über Zombies. Wisst Ihr eigentlich, wieviel, von der Gesellschaft erzeugten Zombies es wirklich gibt? Alle, die keine Arbeit haben und die soweit gefallen sind, dass sie an einem Schalter oder an einem Schreibtisch stehen und sich abkanzeln lassen müssen. Nein, wir doch nicht, wir reiches Deutschland haben so etwas nicht. Wir sind für unsere Bürger da, immer. Hahaha, ich würde das gerne filmen, wie das aussieht. In dem Moment wo die Not am größten ist, da sieht man die Ersthelfer, die Johanniter, ja die sieht man, aber wo sind die Freunde, die Familie????? Die sind verhindert, haben Termine, man ist nicht mehr einer von ihnen. Das müsst Ihr doch verstehen. Das geht eben nicht. Was sollen wir denn der Familie erzählen, was los ist, wie sollen wir das begründen. Begründen? Ich kotze gleich. Wenn du heute keine Arbeit hast, dann hast du einen Makel an dir, es hinterfragt ja auch niemand, warum hast du keine Arbeit, was ist geschehen, was ist schief gelaufen? Die Menschen sehen nur, dass es so ist, alles drum herum ist uninteressant. Und was soll man mit einem „Freund", der jetzt nicht mehr so viel Geld hat, ihn etwa einladen oder ihm unter die Arme greifen? Nein, bestimmt nicht, denn die müssen ja auch sehen wo sie bleiben, obwohl an so manchen Wochenenden die Hunderter nur so über die Theke gerutscht sind. Was kostet die Welt, rief man damals und legte den Kopf in den Nacken, damit der Schnaps leichter in die Kehle floss. Und jetzt auf einmal war es nicht mehr möglich, mit seinem Kumpel oder Freund einen trinken zu gehen oder ihm sonst zu helfen, denn man selbst nagte ja auch am Hungertuch, schon immer, sie haben es nur hervorragend verbergen können. Super Schauspieler, nicht wahr? Freunde erkennt man in der Not……

Ich denke aber auch, dass rückblickend, jeder Mann und jede Frau, die jahrzehntelang für eine Firma oder auch für mehrere gearbeitet haben, stolz auf sich sein können, auf das Geleistete. Sie haben mitgeholfen den Umsatz unseres Landes zu steigern, Steuern bezahlt, dafür gesorgt, dass neue Geschäfte öffnen und andere Geschäfte umsatzsteigernd arbeiten konnten. Es ist eine unsichtbare Medaille, die sich alle anheften können. Wenn dann das Schicksal zuschlägt und sie gehen mussten, dann war das nicht ihre Schuld. Sie wurden rationalisiert, weggestrichen von einer Liste, die Kosten einsparen sollte, auf der Menschen standen und behandelt wurden, wie Zahlen, Ziffern. Eiskalt durchgestrichen und mit dem Vermerk versehen wurden: erledigt. Wir nähern uns immer mehr der Ähnlichkeit von Robotern. Es dauert nicht mehr lange und man kann uns nicht mehr davon unterscheiden. Roboter erledigen ja schon unsere Arbeiten in vielen Betrieben, werden nie krank, brauchen keinen Urlaub und bekommen keine Kinder. Roboter haben keine eigene Meinung, sie werden mit Informationen gefüttert, widersprechen nicht und verlangen keinen Betriebsrat und…..nicht mehr Geld. Sie sind der Geschäftsleitung liebstes Kind und haben einen guten Ruf. Sie sind stupide, gefühlskalt, programmierbar und leicht zu ersetzen. Mit solchen Eigenschaften arbeiten auch Menschen in unseren Unternehmen und dürfen über andere Menschen den Stab brechen, auch wenn dadurch dann das Herz und die Seele des anderen zerbrechen. Niemand schaut dahinter, wie unsere Arbeitswelt insgesamt werden wird, wenn es so weitergeht, wie bisher. Die Politik kommt dem auch schon sehr nahe. Sie verhalten sich zusehends wie Roboter und bekommen auch noch immens hohe Summen dafür. Wir Menschen da draußen sind ihnen vollkommen egal. Sie sind an der Macht, in Aufsichtsräten, in großen Unternehmensrunden der Superlative und treten uns mit Füssen, uns das Volk, welches sie groß gemacht hat. Wie dumm waren wir und sind es auch noch heute. Aus Fehlern lernen, nein unmöglich, denn sie sind auch bereits wie Roboter und die machen keine Fehler. Wir, das Volk, sind die

Fußabtreter der Nation, heute und in Ewigkeit. Auf unserem Rücken werden Kriege ausgetragen, Diskussionen über das Überleben eines Staates geführt, Steuern erhoben, aber keine Gehälter, Preise erhöht, aber keine Stundenlöhne. Es wird alles klein geredet, damit der dumme Bürger es versteht oder besser gesagt, damit er es nicht versteht, was er eigentlich verstehen sollte, damit er sich wehren kann.

Niemand in den höheren Positionen stellt sich wirklich einmal vor, wie es ist, die Arbeit zu verlieren und plötzlich mittellos zu sein. Sie haben alle nicht die geringste Vorstellung davon, was dann passiert. Meistens beginnt es mit dem Umzug in eine andere billigere Wohnung. Ob sie einem nun gefällt oder nicht, das ist unwichtig. Das Amt zahlt die Kosten und denen ist es egal wo man letztendlich wohnt, Hauptsache es passt in die Kostenkalkulation. Man hatte sich ja etwas aufgebaut mit seiner Familie oder aber auch ohne seine Familie, wenn man Alleinstehend war. Diese Planung wird nun mit Füssen getreten, denn wenn Ihr etwas gespart hattet oder sogar eine Eigentumswohnung besessen habt, dann müsst Ihr diese verkaufen und Euch bis auf ein Minimum von Eurem Gesparten trennen. Aber wo fängt das Existenzminium an und wo hört es bitte auf? Blickt irgendjemand mal in die Seele dieser Menschen? Da herrscht auch die Angst um die Existenz, die Angst versagt zu haben, abzustürzen und allein gelassen zu werden. Das Schlimmste ist aber, dass man wie ein Ausgestoßener behandelt wird. In der Liga weiter mitzuspielen, in der man sich wohlgefühlt hat, das ist vorbei. Das ist als wenn man eine Leiter hinaufklettert und schließlich jede Sprosse einzeln hinunterfällt. Stück für Stück sinkt man in das Unglück und ob man überlebt ist eine Frage der Zeit und eine Frage, ob die Seele so viel Kraft besitzt, durchzuhalten. Die Politiker sind für uns unerreichbar, es sei denn sie verteilen Fähnchen in den Straßen, vor den Wahlen. Aber versucht doch einmal, einen Politiker zu erreichen, wenn Ihr in Not seid. Ihr werdet keinen finden. Sie reden ihre Statistiken schön und versuchen uns, den Betroffenen, alles schön zu reden. Werfen mit Zahlen um sich, die wir niemals nachprüfen können. Sie wissen nicht, was es bedeutet, wenn das Ende der Lebensqualität erreicht ist, denn sie sind blind, wenn es darum geht, auf die Seite der Bürger zu blicken und ihre Not zu erkennen. Ja, zu erkennen, das wäre der erste Schritt und sich dann darum zu kümmern, dass diese Bürger wieder Mut fassen können, ihr Ansehen zurückbekommen und weiter arbeiten können, für sich selbst, ihre Familien und für den Staat. Diese Politiker haben nicht die geringste Ahnung davon, wie es ist, wenn der Stolz stirbt und man gefühllos behandelt wird. Sie sollten sich mal verkleiden und dann in diese Ämter fahren, sich dort hinsetzen und wirklich am eigenen Leibe spüren, wie man abgekanzelt und mitunter auch beleidigt wird. Friss oder stirb, dieses Gefühl , so wünsche ich es mir, sollte jeder Politiker einmal am eigenen Leibe spüren, dann wäre er auch in der Lage mitzureden und endlich die ganze Misere der Hartz IV Geschichte zu beenden. Anders wird niemals etwas geschehen. Wenn Ärzte einem Patienten, der Krebs hat, sagt: „ich kann ihre Ängste verstehen, ihre

Schmerzen, ich kann es mir gut vorstellen usw." Ich sage, sie können sich gar nichts vorstellen, weil sie noch niemals Krebs hatten und deshalb auch diese Ängste nie durchmachen mussten und schon gar nicht diese elenden Schmerzen, die so stark sind, als wenn der Teufel einem die Hand zerquetscht und dabei grinst. Es sind alle, alle, wie sie da sind, blutige Theoretiker, die von der Praxis keine blasse Ahnung haben. Unsere Politiker sind ebenfalls solche blutigen Theoretiker und wollen uns weismachen, dass sie das Elend, was sie uns durch Hartz IV bereiten, verstehen können. Wenn ein Hart IV Empfänger vor dem Regal im Aldi steht und Tränen in den Augen hat, die immer mehr werden und schließlich an seinen Wangen herunterlaufen, weil er sich bestimmte Sachen nicht leisten kann oder seinen Kindern immer wieder ein

Nein entgegenschmettern muss, dann frage ich alle hier: „Gibt es einen Politiker, der dieses heiße Brennen im Herzen schon mal hatte?" Nein, den gibt es nicht, nirgendwo auf dieser Erde gibt es den. Aber sie wollen mitreden, sie wollen uns erzählen, dass sie es kennen, dass sie wissen, wie man sich fühlt. Ich kann nur laut darüber lachen.....obwohl mir zum Weinen ist.

Dass die Rente später auch darunter leidet, ist wohl jedem bekannt. Da kann man zuvor noch so viel gearbeitet haben. Am Ende sind wir die Verlierer und das Spiel hört niemals auf. Die Rente fällt dann genauso niedrig aus und man sieht sich dann auf dem Sozialamt wieder. Was ist das für eine Logik? Warum wird nicht für mehr Arbeitsplätze investiert, Menschen geschult und weiter vermittelt, damit sie wieder ordentlich arbeiten und Geld verdienen können. Damit würden die Rentenkassen gefüllt werden und jeder hätte ein Recht auf eine gute Rente. So aber werden die Sozialkassen immer mehr geplündert und es kommt nichts mehr in die Rentenkassen. Was soll das? Wo ist da der Sinn? Durch Hartz IV wird nichts besser, es steigert und nährt nur die Resignation, nichts wert zu sein, nicht dazuzugehören, aus der Gesellschaft zu fallen und nie wieder zurückzufinden. Motivation gleich Null, denn das Amt bezahlt, aber es kümmert sich nicht um diese Menschen, deren Gefühle und Ängste. Wir fallen durch ein Sieb und werden aussortiert, weggeworfen, unkenntlich gemacht und landen dann als ein Punkt in der Statistik. Ein wertloser Punkt, der nichts mehr mit Mensch zu tun hat. Alles erscheint unwirklich und ohne Wert. Es wird auch immer darüber diskutiert, dass der Arbeitsmarkt ältere Mitarbeiter braucht. Rentner werden eingestellt, damit sie ihr Wissen weitergeben, aber was ist denn mit den „Alten" in der Hartz IV Falle? Was ist mit denen? Die sind nicht dumm oder unbrauchbar, sie sind nur das Opfer eines politischen Fehlersumpfes. Warum wird ihr Wissen nicht benötigt? Sicher, es gibt auch unzählige Rentner, die wenig Rente haben und arbeiten müssen. Ihre Qualitäten und ihr Wissen sind kostbar, aber wir vergessen trotzdem immer wieder die Menschen, die durch Rationalisierungen weggefallen sind und wegen ihres Alters nicht mehr vermittelbar sind. Was ist mit den vielen großen Reden über die Menschen, die alt sind, aber ihr Wissen unschätzbar wertvoll für die Arbeitswelt ist. Warum werden diese Aspekte verschwiegen oder auch so langsam bearbeitet? Warum? Durch diese Aktionen würden schon viele Menschen von dem Unheil des Hartz IV erlöst werden. Es ist leichter eine Seele zu zerstören, als eine Seele aufzubauen, dafür benötigt man nämlich viel Gefühl und Liebe. Das sind aber zwei Eigenschaften die in unserer Welt langsam vor sich hinsterben und in Vergessenheit geraten. Warum? Weil man dafür etwas tun muss, aus seiner Komfortzone raus und zu den Menschen hingehen muss, das kann nicht jeder. Wirklich nicht.

Wir schreiben nun das Jahr 2018 und wer glaubt, dass sich etwas ändern wird, der irrt sich ganz gewaltig. Die Steuern werden weiter steigen, die Lebensmittelpreise ebenso, die Wohnungsnot wird immer größer werden und die Anzahl der Hartz IV Leidtragenden wird auch immer weiter steigen. Das bedeutet, dass das Seelenleid ebenso in die Höhe steigt. Es bildet sich eine Grausamkeit in Deutschland, die bald nicht mehr messbar ist und das alles auf dem Rücken unserer Arbeitnehmer, die durch fehlerhaftes Verhalten anderer Personenkreise arbeitslos werden und in den Hartz IV Sumpf fallen und dort auch nicht mehr alleine rauskommen. Das können wir doch nicht alles so weitermachen und so belassen, es muss doch eine Lösung geben. Vor allen Dingen eine Lösung für die Kälte in unserer Welt, diesen Menschen gegenüber, die in etwas reinfallen, wofür sie nichts können. Sie haben ihre Arbeitskraft über jahrzehntelang hergegeben und werden von jetzt auf gleich abrasiert, gekündigt, rationalisiert und rausgeschmissen. Das soll logisch sein? Ich erkenne darin keine Logik. Wer noch niemals in so einem Loch war, weiß auch nicht, wie es sich da unten anfühlt und wie schmerzhaft der Kampf ist, dort wieder rauszukommen. Man muss zusehen, wie andere die Leiter wegziehen oder die Wände mit Öl bespritzen, damit man immer tiefer abrutscht. Dort oben zu stehen ist sehr beeindruckend. Man spürt Macht und Überlegenheit, dabei ist man so klein und ein Nichts, denn dort unten in dem Loch sind die wahren Kämpfer im Leben. Sie sind wertvoll und kostbar für unser Land, aber dafür müssten sie gerettet werden und man müsste ihnen eine neue Chance geben und nicht nur Mitleid und böse Anfeindungen. Meistens lassen aber die Menschen solche Erniedrigungen los, die von nichts eine Ahnung haben, aber meinen, dass sie die Größten sind. Aber sie vergessen, dass auch sie irgendwann ganz tief fallen können und dann hoffe ich für diese Menschen, dass dort oben dann niemand steht, der ihnen Öl auf die Wände spritzt oder ihnen kurz vor dem Ziel auf die Fingerspitzen tritt, damit sie noch tiefer fallen. Unsere Welt ist ein großer Zirkus, nur das es dort leider mehr Clowns als Akrobaten gibt. Nur zum Lachen finde ich keine Vorstellung.

Eine kurze Geschichte habe ich für all diejenigen, die meinen, die Arbeitslosigkeit wäre doch gar nicht so schlimm, man bekäme für Nichtstun sogar Geld. Das man dafür aber jahrzehntelang geschuftet und eingezahlt hat, ist wohl diesen Menschen völlig fremd. Ich ging vor ein paar Monaten mit einer guten Freundin zum Amt. Sie hat 25 Jahre als Sachbearbeiterin bei einem großen Konzern gearbeitet und wurde wegen Rationalisierungen gekündigt. Sie war ja auch schon 54, da gehört man schon zum alten Eisen. Als wir dort ankamen, schauten wir auf die großen Tafeln um zu sehen, wo wir hingehen mussten. Eine Dame des Hauses hielten wir kurz an, um eine Info zu bekommen. (Wahrer Wortlaut) „Sehen Sie dort die große Tafel? Wenn nicht, sollten Sie zum Augenarzt gehen, wenn ja, dann sollten Sie einen Kurs für's Lesen buchen, denn dort steht genau drauf, wo Sie hin müssen." Ich persönlich bin eine sehr temperamentvolle und leidenschaftliche Frau. Wenn es erlaubt gewesen wäre, dann wäre diese Frau jetzt tot. Wie kann man auf eine simple Frage so antworten??????? Wir fanden schließlich, wo wir hin sollten und klopften an die Tür. Von innen kam eine Stimme. „Habe ich Sie aufgerufen? Ich denke nicht?" Schweigen. Wir beide standen vor der Tür, wie Erstklässler, die nicht wussten, wo sie hingehören. Nach 25 Minuten, 25 Minuten ganzen Minuten öffnete sich die Tür. Wir traten hinein und weil es meiner Freundin nicht gut ging, wegen der Aufregung, setzte sie sich hin. Sofort, aber wirklich sofort wurde sie von der Dame mit fester Stimme aufgefordert wieder aufzustehen, weil sie sie nicht aufgefordert hat, sich hinzusetzen. Mein Blutdruck stieg ins Unermessliche, meine Halsschlagadern schwollen an, ich bekam feuchte Hände und meine Augen formten sich zu Schlitzen. „Das darf doch alles nicht wahr sein", dachte ich. Dann saßen wir endlich und die Dame fragte meine Freundin aus, was sie denn geleistet hätte, gelernt hätte usw. Meine Freundin brachte alle Zeugnisse mit, sogar die von der Grundschule. „Ja", meinte die Dame, „ das, was Sie bisher gearbeitet haben und vor allen Dingen verdient haben, können Sie getrost vergessen. Das kommt nicht wieder." Wir dachten ein Lattenzaun hätte uns getroffen. Sie bot meiner Freundin einen Job bei einer Zeitarbeitsfirma an, im Dreischichtdienst für einen Hungerlohn, der sich ja auch, laut meinen Berechnungen auf die Rente ausgewirkt hätte. Meine Freundin hatte 25 Jahre bei einem großen Unternehmen gearbeitet, sie hatte damals eine gute Ausbildung genossen und war jetzt nicht mehr wert als einen Zeitarbeitsjob???? Ich stand auf und musste raus, sonst wäre etwas Grausames passiert. Wir gingen und ich versuchte alles, um sie zu beruhigen. Ich werde alles in Bewegung setzen, dass meine Freundin einen Job erhält, ohne den Staat. Na, da kann der sich ja einiges sparen. Sie bekommt ja erst einmal Arbeitslosengeld. Ihre Seele hingegen ist verletzt, ihr Herz blutet, sie ist sehr traurig, aber sie hat ja Gott sei Dank auch etwas gespart, so dass sie Hartz IV niemals in Anspruch nehmen muss, denn ich bin ja auch noch da. Ein Hoch auf den Staat. Ein Hoch auf die Gesellschaft. Ein Hoch auf das Amt. Mögen alle immer in Frieden arbeiten können, denn das, was uns die eine Dame am Eingang schon an Schmerz zugefügt hat, würde sich bei einer bevorstehenden Arbeitslosigkeit ihrerseits bestimmt rächen, denn dann wären andere vor ihr, die ihr zeigen würden, wo es lang geht und das könnten dann ihre eigenen Kollegen sein.

Die nächste grausame Zerreißprobe wird den Hartz IV Empfängern mit Kindern gestellt. Wieviel Eltern müssen nach der Schule ihre weinenden Kinder trösten, weil sie von Mitschülern, denen es besser geht, gehänselt, verachtet oder sogar geschlagen werden. Ist das unsere Welt, nach der wir uns alle sehnen? Ich glaube kaum. Aber die Politik, aber auch das Lehreramt kümmert sich einen Dreck darum. Diese Probleme werden ausgesessen und totgeschwiegen. Das aber die Kinderseelen daran kaputtgehen und zerstört werden, ist vielen Menschen egal. Manche Kinder werden von ihren Eltern auch zu Hause sogar aufgeputscht, um ihren armen Mitschülerinnen und Mitschülern weh zu tun. Seht Euch das Fernsehen an, was es da gibt. Nur brutale Gegebenheiten. Es wird den Kindern ja geradezu gezeigt und vorgemacht, wie man seine Mitschüler quälen kann, sogar bis in den Tod. Ich bin manchmal so wütend und böse, dass ich wer weiß was tun könnte, um das alles zu beenden. So geht es jedenfalls nicht weiter, denn wo soll das alles enden? Die Narben, die man den Kindern seelisch zufügt, werden niemals mehr heilen oder verschwinden. Es sind Brandmarken, die eine Ewigkeit überdauern werden und immer wieder auf's Neue anfangen zu bluten. Die Leute, die so etwas zulassen, können wahrlich stolz auf sich sein. Ich wünsche mir immer ein gewaltiges Echo für sie.

Der Verzicht auf beinahe alles, was das Leben angenehm und lebenswert macht ist der größte und schwerwiegendste Punkt in der Hartz IV Geschichte. Wenn man mal verzichten muss, weil das Geld nicht reicht, dann sagt man sich, dass es ja bald wieder bergauf geht. Bei den Hartz IV Empfängern gibt es kein bald, kein bergauf, es geht verdammt noch mal immer nur bergab und niemand will davon etwas wissen. Das ist, als wenn ich im warmen Wohnzimmer sitze und einem Menschen auf der Straße sage: stell dich nicht so an, so kalt ist es heute nicht. Es ist paradox, genauso paradox, wie Politiker, die mit großen Gehaltssummen, jeden Monat, jonglieren und den Regelsatz für Hartz IV festlegen und dabei noch nicht einmal ein schlechtes Gewissen bekommen. Warum auch? Sie sehen ja die Menschen nicht, die davon leben müssen. Sie sehen auch nicht wie wichtig die neue Institution Armentafel wird. Dort bekommt man mal etwas Obst, welches nicht aus dem Müll kommt und auch mal ein Stückchen Kuchen oder ein Teilchen. Hurra, ein Festtag. Ich könnte so schreien und noch andere Dinge tun, weil die Ungerechtigkeit bei mir Brechreiz erzeugt. Die Armut wächst in Deutschland immer schneller und trotzdem wird in den Medien vom reichen Deutschland gesprochen. Werden die Armen einfach ausgeblendet? Die Statistiken glatt gemacht? Wie kann man den oberen Mächten die Augen öffnen? Da werden Menschen in verachtenswerter Weise gedemütigt, seelisch gequält, vorgeführt und immer wieder verbal getreten. Das kann doch nicht unser Deutschland sein und das kann nicht im Sinne vom Menschenrecht sein. Es ist hier bald wie bei einem Stierkampf. In der Arena sitzen die Hartz IV Empfänger und das Publikum sind die Politiker, die dafür gekommen sind, um diese Menschen sterben zu sehen. Seelisch sind viele bereits tot, aber das reicht wahrscheinlich noch nicht. Selbst wenn ein Politiker sich 3 Monate in die Situation eines Hartz IV Empfängers begeben würde, wäre das sinnlos, denn er wüsste ja, dass alles bald wieder vorbei ist. Er könnte sich ja gar nicht real dort reindenken, denn die Lage wäre ja für ihn nicht real. Deswegen sind die Worte: ich kann diese Menschen verstehen, unrealistisch und eine Farce. Niemand kann Hartz IV Empfänger verstehen, wenn er nicht selbst in deren Lage gekommen ist. Bei Politikern habe ich manchmal das Gefühl, als wäre das alles bloß ein Spiel und es handelt sich hierbei nicht um Menschen sondern um Figuren. Was wäre das für ein Geschenk, wenn das Wort Gerechtigkeit wieder seinen ursprünglichen Sinn bekommen würde. Dann sehe vieles anders aus und es gäbe nicht so viel Tränen auf dieser Welt. Wir leben alle unter dem gleichen Mond, haben alle die gleichen Träume und Wünsche, aber in Wirklichkeit ist nichts unterschiedlicher und unlogischer als der Mensch selbst.

Ihr alle, die Ihr mein Buch jetzt lest, könnt davon ausgehen, dass ich weiß, wovon ich spreche. Es war in den siebziger Jahren, als ich nach meiner Ausbildung arbeitslos wurde. Es war eine harte Zeit, denn ich bekam 75,- DM alle 14 Tage. Das war der reinste Horror, denn davon konnte man weder leben noch sterben. Ich hatte damals auch keine Möbel, als ich auszog. Weil ich kein Geld hatte bin ich zum Amt und habe nach Möbeln gefragt. Die Leute, die dort saßen, waren so dermaßen unfreundlich und schon fast bösartig zu mir, das ich nicht wusste, sollte ich jetzt weinen oder dort alles kaputtschlagen. Sie sahen mich von oben herab an und gaben mir den Tipp, doch auf dem Sperrmüll nachzusehen, vielleicht würde ich ja da was finden. Meine ganzen Freunde hatten komischerweise plötzlich keine Zeit mehr für mich. Monate vorher sind wir zusammen ausgegangen und ich habe oft, von meinem Ausbildungsgeld, eine Runde springen lassen. Ich habe auch zu Geburtstagen niemanden vergessen und immer eine Kleinigkeit mitgebracht, wenn ich mal eingeladen war. Das alles und noch viel mehr war auf einem Schlag vergessen. Alles Schöne was wir zusammen erlebt hatten, wir Freundinnen und auch Freunde, war vergessen. Ich kam mir wie eine Aussätzige vor. Ich wusste gar nicht, dass ein Mensch so viel Tränen hat und so viel weinen kann, so still weinen kann. Ich weiß also genau, wie Ihr Euch fühlt und was Ihr durchmacht. Jede Zelle meines Körpers weiß das, deswegen ist dieses Buch auch echt und zwar echt aus dem Leben. Deshalb will ich die Menschen verteidigen, die unschuldig in die Hartz IV Falle gerast sind. Es kann nicht sein, dass diese Menschen einen unsichtbaren Stempel aufgedrückt bekommen, den nur hochnäsige und dumme Menschen sehen können und sie dann so schlecht behandeln. Das darf einfach nicht sein. Nicht in unserem Land, in unserem reichen und starken Deutschland. Fakt ist, dass hier alle nur um das Problem herumreden, anstatt es zu lösen. Es wird immer weiter vorgeschoben, weggeschoben, bis es dann vergessen wird und sich niemand mehr darum kümmert. Was mich auch noch sehr wütend macht ist die Aussage von manchen Leuten: die sollen sich doch nicht beschweren, haben doch eine warme Wohnung und zu essen. Wir damals im Krieg......bla bla blubb. Diesen blöden Spruch sollen sie doch mal einem kleinen Kind erzählen, das morgens hungrig zur Schule gehen muss, weil das Geld nicht reicht. Oder einem Vater, der seiner kleinen Tochter nicht das zum Geburtstag schenken kann, was sie sich schon so lange wünscht. Aber nein…….das ist ja ganz was anderes. Das versteht Ihr ja nicht, das ist ganz was anderes, da haben wir ja keine Ahnung von. Nein, wir sind es ja schuld, das wir den Krieg nicht miterlebt haben, gelle? Und deshalb nicht wissen, was Armut bedeutet. Der Unterschied ist nur, dass früher alle arm waren und heute nur die, die vom Arbeitgeber rausgeschmissen wurden oder sonst wie in Hartz IV gerutscht sind, aber das sind ja nur ein paar Millionen Menschen. Was ist das schon? Nicht der Rede wert….

Den nächsten Wutanfall bekomme ich beim Thema Armentafel. Man muss sich das mal vorstellen. Da ist z.B. ein Mann, der 35 Jahre für ein Unternehmen gearbeitet hat und aus Rationalisierungsgründen gekündigt wird. Er ist mittlerweile 55 Jahre alt und hat sich im Laufe seines Lebens, durch harte Arbeit, eine Eigentumswohnung geleistet, auf die er riesig stolz ist und die er als Alterssicherheit ansieht. Nun bekommt er nach der Kündigung 2 Jahre lang Arbeitslosengeld. Dann, danach, rutscht er in die Hartz IV Falle. Aber vorher muss er seine Wohnung verkaufen, sein Erspartes runterschrauben, davon leben und wenn nur noch ein Bruchteil von dem übrig ist, bekommt er Hartz IV. Sein ganzes Leben hat er umsonst gearbeitet. Seine Alterssicherheit ist weg, sein Erspartes ist weg und seine Freude auf später ist auch weg. Ach, ja, seine Seele ist gestorben, aber das ist ja nicht so wichtig. Diesem Mann bleibt nichts anderes übrig, als einmal oder mehrmals die Woche zur Armentafel zu gehen, um dort etwas zu ergattern, was er sich im normalen Supermarkt nicht leisten kann. (Fernsehreportage darüber, gestern, 21.02.2018 im TV) Ich rede hier von Tomaten, Obst usw., was das Hartz IV Geld nicht hergibt, denn ihm bleiben umgerechnet nur ein paar Euro´s pro Tag zum Leben. Verdammt noch mal und dann wollen die Politiker uns erzählen, sie würden es nachempfinden können, was ein Mensch in dieser Lage durchmacht und fühlt????? Das darf nicht wahr sein. Es ist so ein Hohn, das stinkt zum Himmel, was hier mit unseren Leuten gemacht wird. Da arbeiten die Menschen für ihr Land, für ihre Stadt, kämpfen mit, um den Erhalt der Firma, gehen krank arbeiten, wenn es sein muss, verzichten auf Weihnachtsgeld und manchmal auch auf Urlaubstage und der Dank ist dann der Rausschmiss, weil gespart werden muss. Und dann kommen die Worte: das müssen sie doch verstehen, es ging nicht anders, bla bla bla. Und dann kann es auch noch passieren, dass wenig später ein Neuer von einer Zeitarbeitsfirma eingestellt wird, der dann seine Arbeit macht, aber viel billiger ist. Das war nämlich der Kündigungsgrund. Er wurde dem Unternehmen zu teuer. Leute von Zeitarbeitsfirmen kann man ersetzen. Das Unternehmen hat keine Probleme mehr mit Krankmeldungen oder Urlaub, der Mitarbeiter wird einfach wortlos für die Zeit ersetzt. Ob der andere Kollege auch gut ist und die Arbeit genauso beherrscht oder nicht, interessiert niemanden wirklich. Hauptsache die Lücke ist gefüllt und das Geld wird gespart. Die oberen Geschäftsetagen spielen mit den Seelen der Menschen, als wenn sie Dreck wären. Kalt und gefühllos, wer diese Eigenschaften besitzt hat in der heutigen

Politik und im heutigen Unternehmerdschungel gewonnen.

Sucht mal einen neuen Job, wenn Ihr schon längere Zeit Hartz IV erhaltet. Viele von Euch kennen das Szenario. Es wird schief geguckt, wenn man sich irgendwo bewirbt. „Ja, wieso sind Sie denn schon so lange ohne Arbeit? Und warum?" Fragen die eigentlich unsinnig sind. Warum man so lange keine Arbeit hat ist doch dann in dem Moment unwichtig. Wichtig ist, dass man gerne wieder arbeiten möchte und deshalb dort steht und sich vorstellt; sofern man diese Chance bekommen hat und nicht gleich mit seinen Unterlagen im Papierkorb landet.

Wie sagt man so schön: wer arbeiten will, der bekommt auch Arbeit? Darf ich kurz lachen? Hahahah. Ohne irgendeine Vorge-

schichte, die mit Hartz IV zu tun
hat, kann das womöglich stimmen,
aber sonst nicht. Und….man darf
nie annehmen, dass man auch den
Job bekommt, den man gelernt hat
oder in dem man jahrelang gearbeitet hat. Nein, das wäre ja zu einfach und es wäre mitunter traum-
haft. Wie ich bereits erwähnte, hat
das Amt einem Freund von mir,
der Banker war, einen Job als Tab-
lettensortierer angeboten und dabei
keine Miene verzogen. Kompli-
ment für diese Schauspielkunst.
Kann auch nicht jeder. Ich sage,
die Zukunft wird den Hartz IV
Menschen schon zerstört, bevor sie
überhaupt angefangen hat. Ich
möchte zu gerne wissen, ob ein
Arbeitsamtmitarbeiter auch gerne
Schweineblut in einer Metzgerei
wegwischen würde oder die Maschinen in einem Waschsalon put-
zen möchte. Ich wette, er würde
Euch groß angucken und Tränen in

den Augen haben. Ach, ja, seine Tränen sind ja kostbarer als die von jedem anderen, als die von uns.

Positives Denken, Motivation, Hoffnung. Das sind alles Schlagworte, die bei einem Hartz IV Empfänger schon längst gestorben sind. Diese Worte gibt es nicht mehr und warum nicht? Weil man die Seele und das Herz dieser Menschen mit Füssen getreten hat, aber in diesen Teilen des menschlichen Körpers, wie der Seele, werden solche Dinge, wie Motivation und Hoffnung geboren, um weiter zu machen und um ganz einfach zu überleben. Wenn du einmal in dem Sumpf drin bist, kommst du da alleine, ohne Hilfe, nie mehr heraus. Und wer jetzt denkt, dass die, die getreten haben auch eine Idee haben, wie es weitergehen soll, der irrt sich ganz gewaltig. Die haben sie nämlich nicht. Treten ist doch viel einfacher als helfen, mal ehrlich. Seit unzähligen Jahren grassiert das Thema Hartz IV und es ist noch immer keine Lösung gefunden worden. Es wird ja auch über ein Thema diskutiert wovon die, die diskutieren, überhaupt keine Ahnung haben und auch keine Ahnung haben wollen. Es ist doch schön das Problem so weit weg zu sehen. Es kommt ja nicht an die Leute heran, die darüber entscheiden. Die sitzen nur an langen Tischen, mit einem Gehalt und Diäten, dass einem schlecht wird und tagen stunden- und wochenlang über dieses Thema. Sie spüren nicht die Kälte der Mitmenschen, die Angst vor Morgen, die leere Geldbörse, das gestohlene Selbstbewusstsein. Nein, diese Leute sitzen fett drin und brauchen sich keine Sorgen um den nächsten Tag zu machen. Sie haben auch keine Kinder, die wegen der Eltern, die Hartz IV bekommen, gehänselt und gequält werden. Na, so schlimm wird es wohl schon nicht sein, hört man dann aus solchen Kreisen immer wieder.

Hartz IV spornt die Menschen nicht an, so schnell wie möglich wieder dort rauszukommen, sondern es lähmt die Menschen und fördert die absolute Resignation. Wie bereits erwähnt, muss das Sparguthaben bis auf eine geringe Menge aufgebraucht werden, die Eigentumswohnung muss verkauft und als Bargeld genutzt werden und man muss in eine kleinere Wohnung umziehen. Was ist denn bitte schön mit den dort vorhandenen Möbeln? Na, die kann man ja verschenken, auf den Müll stellen oder sonst was; und das Selbstwertgefühl gleich mit. Und wer sich als Hartz IV Mitglied bewirbt hat sowieso schon schlechte Karten. Das ist alles ein Mühlrad mit ganz spitzen Zähnen. Ich möchte einen Politiker mal sehen, dessen Partei nicht wiedergewählt wird, er somit aus dem Bundestag fliegt und nicht mehr gebraucht wird. Der geht in keine kleinere Stufe, nein, der geht in den Aufsichtsrat größerer Unternehmen und hat somit die Kuh vom Eis. Und die anderen Menschen brechen eben ein, so ist das.....Nein, so kann es nicht sein. Warum werden nicht Gremien gebildet, um diesen Menschen wieder auf die Beine zu helfen, anstatt sie zu bestrafen, denn Hartz IV ist eine Strafe. Was ist daran so komplex und so schwierig, dass man es nicht umsetzen kann? Und die ganzen Gelder könnte man sich sparen oder dann mit mehr Logik einsetzen als bisher. Man würde dann nicht nur die

Menschen an sich retten, sondern auch ihre Seelen, samt Umfeld. Nein, aber das wäre ja wieder zu menschlich. Das hätte ja ein Konzept und vielleicht auch großen Erfolg.

Hartz IV bedeutet abschieben, zur Seite stellen, bestrafen, vergessen und bewusst verletzen. Warum die helfende Hand reichen, wenn diese Hand auch schlagen kann. Hier müsste einiges überdacht und verändert werden, wenn das doch nur in die sturen Köpfe reingehen würde. Aber die haben ja, ach, so viel mit ihren eigenen Sorgen (lach) zu tun, dass sie gar nicht merken, was um sie herum geschieht. Alle reden, vor allen Dingen zu Weihnachten, immer von Menschlichkeit, Frieden, Harmonie und einem Miteinander. Wo sind diese starken Eigenschaften und Taten, wo sind sie????

Menschlichkeit, nein danke. Bloß nicht Man könnte ja Probleme lösen, wo gibt es denn so etwas? Hier in Deutschland? Ach……..das ganze Elend müsste nicht sein, wenn einige wichtige Leute besser nachdenken und auch mal hinsehen würden und zwar ganz genau und nicht nur von der Seite oder auf ein Papier schielen. Warum wird nicht ein Minister dafür abgestellt, der sich um die Hartz IV-Geschädigten kümmert und sie wieder in den normalen Lebensfluss bringt. Es wäre ein Gewinn für Deutschland und für den Arbeitsmarkt.

Rentner oder ältere Menschen werden in den Betrieben gebraucht….aber warum sind dann so viele ältere Menschen arbeitslos und bekommen Hartz IV? Warum? Werden solche Informationssendungen abends nur für lau gemacht und in Wirklichkeit geht den verantwortlichen alles am Arsch vorbei? Integrieren, nicht abstrafen, das wäre eine Lösung. Es wird doch mit den Asylanten auch so gemacht, warum dann nicht mit den Hartz IV Empfängern. Nein, die werden auf ein Abstellgleis gestellt und können dort verrotten und andersherum wird über zu hohe Kosten diskutiert, die die Sozialkassen nicht mehr lange tragen können. Da gibt es nur ein Wort für: paradox, absolut paradox. Wenn ich diese Möglichkeiten im Bundestag hätte, dann würde ich mich freiwillig dafür melden, diese Menschen wieder flott zu machen und ihnen ihr Lebensgefühl wiedergeben und vor allen Dingen, ihre kostbare Lebensqualität, die nämlich von dem Tag der Arbeitslosigkeit an und den nachfolgenden Abstieg in Hartz IV gestorben ist. „Spreche mit vollem Mund niemals von einer Diät", sagte mal eine kluge Frau und deshalb sollten Politiker, die im Warmen sitzen und genug Geld in der Tasche haben, niemals über Hartz IV Empfänger richten.

Ein Schritt nach vorne wäre auch, wenn das Arbeitsamt Kontakt zu Firmen aufbauen und halten würden, die Langzeitarbeitslose oder auch ältere Menschen einstellen möchten. Das Bewerben in Eigeninitiative bringt meines Erachtens nach nicht viel und die Leute sind auf sich alleine gestellt. Mehr Motivation durch das Amt wäre sicherlich gegeben, wenn es dort Menschen gäbe, die bei der Bewerbung helfen oder sogar mit Firmen reden würden. Wenn die Menschen sich selbstständig bewerben und sich dann alle 4 Wochen wieder beim Amt vorstellen müssen, ist für mich nicht hilfreich. Infoveranstaltungen wären auch eine gute Idee. Dort müssten es viel Informationen geben, über Firmen, die Leute suchen, welche Art Arbeit wird angeboten, was wird gefordert, welche Eigenschaften sind erwünscht und welche nicht. Man müsste diese Menschen an die Hand nehmen und das könnte jedes Bundeland für sich ausarbeiten. Es ginge alles, wenn die oberen Leute es nur wollten. Wo ein Wille ist, da ist auch ein Weg. Es werden so viele Arbeitskreise gebildet und Projekte eröffnet, warum nicht auch solche Projekte wodurch Menschen positive Erfahrungen machen können und ihnen geholfen wird. Dabei würde es nicht nur der Person selbst helfen, sondern auch dem Staat, der anschließend viel weniger investieren müsste. Selbst wenn die Kosten plus minus null wären, gäbe es anschließend aber mehr glücklichere

Menschen und das ist doch so viel mehr wert, als immer dieser Profit. Bei allen Hartz IV Empfängern wird auch die Rente kleiner ausfallen, denn die monatlichen Beiträge sinken und somit auch die Rentenzahlungen. Eine miese Zukunft kommt da auf die Leute zu. Es ist ein Fass ohne Boden, diese Menschen kommen niemals mehr hoch, werden nie mehr in den Genuss von einem lebenswerten Leben kommen. Mensch Leute, wir reden hier von Menschen, von Gefühlen, von Seelen und nicht von toten Gegenständen. Wann kommt das mal da oben an? Es wird nicht besser, wenn die Politik den Kopf in den Sand steckt. Es muss was passieren und zwar ganz schnell. Unsere Sozialkassen haben schon lange Ebbe, aber es wird noch dicker kommen. Die Menschen brauchen eine Chance wieder am Leben teilzunehmen, Geld zu verdienen, einzuzahlen und somit dem Staat zu dienen und aus Deutschland wieder ein Paradies zu machen und zwar für A L L E. Es ist eine Rechenaufgabe und die sollten die hohen Herren und Damen doch zu lösen wissen. Aber nein, hier in Deutschland wird in manchen Bereichen das Licht ausgemacht und alles was sich dort befindet wird einfach vergessen oder abgetan mit den Worten: so schlimm ist es wohl nicht. Die Kluft zwischen Arm und Reich wird immer krasser und es geschieht immer schneller, wenn nicht endlich etwas getan wird. Ein Mensch, der zig Jahre gearbeitet hat und durch Rationalisierungsmaßnahmen arbeitslos wird und die Zeitspanne des Arbeitslosengeldes überschreitet und in Hartz IV wandert ist der neue Arme in der Zukunft und davon haben wir Millionen. Auch wenn die Statistik immer wieder aufpoliert wird und es in den Medien heißt: die niedrigste Zahl der Arbeitslosen ist erreicht worden, erstmals seit......so bleibt doch die Tatsache, dass sich nichts von alleine bessert. Wenn wir alle, die Politik, die Firmen und die Bürger selbst, Hand in Hand arbeiten würden, dann brauchte man solche Statistiken nicht auf zu hübschen, sondern könnte mit Fakten arbeiten, die mit Sicherheit in eine positive Skala wandern. Wie heißt es doch so schön: Gemeinsam sind wir stark und wir schaffen das. Seht Ihr? Da steht immer wir, gemeinsam und was wird tatsächlich gemacht? Nichts, alles Einzelkämpfer, die es zu nichts bringen, weil nur in der Gemeinschaft wird Stärke erzeugt, nicht im Alleingang.

Wir sehen immer in andere Länder, wo die Armut von Tag zu Tag wächst. Aber sehen diese Leute auch die Menschen hier, die morgens in aller Frühe schon in Glascontainer gucken oder in Mülleimern wühlen? Die Armut ist bei uns schon lange angekommen, die Ungerechtigkeit steht hier vor fast jeder Tür. Wir sind nicht besser als andere. Deutschland stranguliert sich selbst, immer mehr, jeden Tag ein bisschen mehr. Bald ist es vorbei Deutschland als Vorbild zu nehmen, denn dann sind wir keins mehr und wer ist daran schuld? Wir, wir alle, die in aller Ruhe zusehen, wie Menschen in den Abgrund gestoßen werden und wir das nicht aufhalten. Diese Menschen haben ihre Arbeitskraft investiert, es war ein Geben und Nehmen und auf einmal ist es vorbei. Wir brauchen nur ein paar Jahre zurückzublicken, als alles noch rosig war und das System blühte. Der Aufstieg, das Bruttosozialprodukt, alles stieg nach oben. Alle waren glücklich. Jeder konnte sich ein Auto leisten, vielleicht auch ein kleines Häuschen abbezahlen und jeder konnte mindestens einmal im Jahr in den Urlaub fahren. Erinnert Ihr Euch noch daran? Ja, da gab es auch noch die guten alten Zechen. Da wurde malocht ohne Ende und am Ende des Monats gab es Geld. Es war Arbeit genug da und alle waren glücklich. OK, Fortschritt muss sein, aber auf Kosten von anderen Menschen und auf Kosten des hohen Niveaus von Deutschland? Ich glaube nicht. Wir hinterlassen mit unserer heutigen Politik viele schlechte Eindrücke, die uns noch in 20ig Jahren hinterherlaufen werden, auch bis ins Ausland. Aber ich glaube, die einzigen, die sich darüber sorgen, sind wir, die kleinen Bürger. Obwohl wir zusammen so viel Macht haben. Aber das Problem ist, wir Deutschen sind nicht gerade Freunde von Einigkeit und Gemeinschaft. Da sind uns die Portugiesen, Franzosen und Spanier längst überlegen. Wenn die etwas ablehnen oder kritisieren, dann gehen sie auf die Straße, in Gruppen, in Menschenmassen, die so schnell niemand zerschlägt. Es sollen keine bösartigen Proteste werden, aber sie sollten schon zeigen, dass das Volk die Macht hat und sich nicht alles gefallen lässt. Aber, wie gesagt, die Deutschen sind zu verwöhnt und gehen selten aus ihrer Komfortzone. Lieber zugucken, als handeln. Das hat uns schon oft das Genick gebrochen. Wir müssten öfter mal zeigen, dass es uns gibt und zwar aus Fleisch und Blut und nicht nur als Zahl auf irgendeinem Geschäfts- oder Gesetzpapier.

Stimmen werden immer lauter, dass die Deutschen kaum noch

Kinder bekommen. Ja, woran mag das wohl liegen? Niemand möchte ein Kind in Armut großziehen und die liegt vor, wenn die Partner Hartz IV erhalten. In diesen Situationen überlegt man es sich dreimal ob man ein Kind haben möchte. Es ist ja nicht nur so, dass man dem eigen Nachwuchs etwas bieten möchte, man selbst möchte ja auch noch einigermaßen gut leben, denn das Leben hört mit dem Kind nicht auf. Selbst mit dem Kindergeld ist das Problem noch lange nicht gelöst. Fragt doch mal einen Politiker, ob er seine Kinder vom Sammeltisch einkleiden möchte oder immer wieder nein sagen möchte, wenn ein Wunsch auftaucht. Ob Frau van der Leyen auch mit Hartz IV 7 Kinder gehabt hätte? Ich glaube mit Sicherheit nein, aber wir kleinen Scheißer im Land, wir können das ja mitmachen. „Kinderreich zur Armentafel" das wäre ein geiler Spruch für eine Zeitungsüberschrift. An die seelischen Schmerzen, die ein armes Kind erdulden muss gar nicht zu denken. Ich habe Familien schon oft begleitet und habe gesehen, wie mit ihnen umgegangen wurde, egal wo. Auch auf den Ämtern sind sie gern gesehenes Futter für unausgeglichene Sachbearbeiterinnen. An ihnen kann man seinen Frust auslassen und seine nicht erfüllten Träume abladen, als Wutanfälle oder einschneidende Bemerkungen, die so schmerzhaft sind, dass man sie niemals mehr vergessen wird. Wenn man sich wehrt, wird man als asozial abgestempelt, so leicht geht das hier in Deutschland. Es wird nicht besser, wenn die Menschen sich nicht ändern. Durch Hartz IV werden Pläne zerstört, Zukunftsvisionen getötet und Gefühle ausgelöscht, aber das ist noch niemandem aufgefallen, in den höheren Sphären unseres politischen Universums. Dafür ist alles viel zu weit weg und man muss sich nicht damit identifizieren. Es berührt nicht direkt, man spürt es nicht, man fühlt nicht die Tränen, die auf Hände tropfen, weil man die Kraft verloren hat, sie wegzuwischen, bevor es jemand sieht. Es ist ja alles gut in deren Dunstkreis.

Lotto spielen ist für Hartz IV Empfänger nicht gestattet. Ja, glauben denn die hohen Herren, dass ein Mensch, der groß im Lotto gewinnt, den Hartz IV Betrag weiterhin erhalten will? Man muss die Leute schon für sehr dumm und einfältig halten, wenn man so denkt. Ich glaube, bei einem Lottogewinn wären sie so schnell wie nur möglich aus dem System raus. Sie würden sich mit dem Geld reinwaschen, was ich gut verstehen kann.

Gestern, 11.03.2018, Politmagazin, Bericht aus Bonn: Kinderarmut in Deutschland. Verzeiht mir, aber ich musste laut lachen. Da wurde von Kinderarmut gesprochen und darüber diskutiert, wie es verhindert werden könnte. Die Politiker haben natürlich keine Ahnung und demnach auch keine passenden Lösungen parat, war ja klar. Ich stand da, erst, wie betäubt und musste dann laut lachen, denn diese Diskussion war dermaßen paradox, dass es schon wehtat. Kinder haben Eltern und diese Eltern sind arm, klar soweit? Die meisten armen Eltern sind Hartz IV Empfänger. Sie waren nicht immer schon arm, nur als die Firmen die Menschen rausgeschmissen haben, weil Maschinen billiger waren und auch keine Krankheiten und Urlaube kannten, sausten diese Menschen nach 2 Jahren in Hartz IV. Ja, und warum sausten sie dorthin? Weil sie entweder schon zu alt oder zu lange (2 Jahre) aus ihrem Beruf raus waren. Pech gehabt. Der monatliche Geldbetrag sank enorm, aber die Kosten blieben und auch das Kindergeld holte die Eltern nicht aus der Misere raus. Solange die Firmen rationalisieren und immer mehr abspecken, solange wird es in Deutschland Kinderarmut geben und es wird noch schlimmer werden. Gesetze werden am Schreibtisch gemacht, so weit so gut, aber ich denke, es wäre sinnvoller, wenn die Gesetzeserfinder erst einmal am eigenen Leibe die Situationen durchleben, bevor sie etwas auf einem Papier dingfest machen. Man kann sich nicht in etwas hineindenken, was man nicht selbst erlebt hat. So weit geht unser Gehirn noch nicht, denn dann wären so viele Aussagen von Ärzten null und nichtig, wenn ein Patient über Schmerzen klagt und der Arzt meint, er wäre ein Simulant. Hätte der Arzt die gleiche Krankheit ebenfalls durchlitten, dann hätte er so etwas niemals gesagt. Genauso verhält es sich bei den Hartz IV Gesetzen und bei den Menschen, die es bekommen. Wo sind die Minister und Ministerinnen, die Ahnung von diesem Problem haben? Wo sind die Leute, die wirklich sagen können, das müssen wir anders machen, das kann man einem Menschen nicht zumuten und einer Familie schon gar nicht. Wo sind sie? Nirgendwo, denn es gibt sie gar nicht.

Ich möchte einmal abschweifen und etwas Persönliches hinzufügen. Etwas, was in meiner Seele gewachsen ist und mein Herz täglich berührt und…..weshalb ich auch dieses Buch schreibe. Mein Bestreben ist, dass ich Euch unterstützen möchte. Ich will Eure Stimme sein, die für Euch kämpft und Euch beschützt. Es kann nicht sein, dass Ihr alleine da steht und übersehen werdet von der Politik, wie auch von anderen Menschen, die denken, etwas Besseres zu sein. Ich will, dass dieses Buch gerade diejenigen lesen, die für das ganze Dilemma verantwortlich sind. Ich will sie aufmerksam machen, anstoßen und darauf hinweisen, dass wir an einem Punkt angelangt sind, der unerträglich geworden ist. Die Politik kann nicht einfach zusehen, wie Millionen Menschen zugrunde gehen. Sie können mir nicht erzählen, dass das alles so abgeworfen und missachtet wird und dass das auch noch erlaubt und von allen geduldet wird. Ich kann immer nur wieder betonen, dass es hier um Menschen geht, um Bürger dieses Landes. Es geht um Seelen, um Lebensgeschichten, um absolute Sinnlosigkeit. Es geht um ein gigantisches Problem, welches endlich gelöst werden muss. Deutschland braucht jeden einzelnen Bürger, um zu überleben und um groß und stark zu bleiben, um Anerkennung im Ausland zu erlangen und um sie zu erhalten, denn sie schwankt erheblich. Viele Politiker sollten von ihrem hohen Ross runtersteigen und das Image von Gott ablegen. Es darf nicht sein, dass eine Gruppe von Menschen über andere den Stab brechen und sie ihrem Schicksal überlassen dürfen. Aber das Schlimmste daran ist, dass wir den einzigen Tag der Demokratie im Jahr nutzen, um diese Leute auch noch zu wählen, die uns dann so behandeln und abstufen. Ich sagte schon Mal, dass wir mehr Macht haben, als wir denken oder wissen wollen.

Uns fehlt nur der Sinn für die Gemeinschaft, für die Gruppe. Wir müssen eine Sprache sprechen, dann sind wir unschlagbar.

Deutschland ist reich, Deutschland ist sicher, aber Deutschland ist auch ungerecht, ungerecht zu den eigenen Leuten. Wie heißt es so schön: in der Not erkennt man seine Freunde oder abgewandelt: in der Not erkennst du, ob du zu dem Land gehörst, in dem du geboren wurdest. Harte Worte, aber hart ist auch das Gefühl, wenn man ausgegrenzt wird und sich niemand um das Problem kümmert, um das es geht. Ich habe einmal gesagt: Probleme werden immer mit Lösungen geboren. Und wenn es Lösungen gibt, dann meine ich, verdammt noch Mal, sollte man sie auch finden und vor allen Dingen umsetzen. Wegsehen, ignorieren ist natürlich einfacher, als an dem Problem zu arbeiten, es zu analysieren, zu erkennen und dann Lösungsformationen zu suchen. Wir sind doch alle Eins, wir sind alle kleine Teilchen im Großen und Ganzen, wir müssen uns ergänzen, harmonieren, an einem Strang ziehen und vor allen Dingen das Gleiche wollen, dann finden wir perfekte Lösungen und kehren zu der eigentlich geplanten Einheit zurück.

Ein Politiker sagte vor kurzem in einem Interview: Hartz IV bedeutet nicht Armut. Ist Armut erst dann richtige Armut, wenn man aus der Mülltonne isst oder aus der Pfütze trinkt? Was verstehen Politiker, die hohe Summen jeden Monat verdienen unter Armut. OK, den Politikern steht dieses Geld wohl zu, sie mühen sich ab Deutschland aufrecht zu erhalten, sie erheben Gesetze, die keiner

91

logisch findet usw., aber hat er ein Recht über Armut zu entscheiden?? Ich glaube nein, hat er nicht, denn er hat überhaupt keine Ahnung von Armut. Das Wort „Grundsicherung" sagt es aus. Du darfst nicht sterben, weil du kein Geld hast, denn der Tod wäre sowieso zu teuer für dich, aber Leben ist das auch nicht, was man mit dieser monatlichen Summe führt. Aber wisst Ihr was? Wer so denkt, wird als dekadent eingestuft. Ja, was will er denn noch, er hat doch Essen und Trinken, ein Bett und eine Heizung. Will er noch mehr, der kleine Bürger? Es ist doch längst vergessen, dass er für Deutschland gearbeitet hat, für seine Stadt, jahrzehntelang für eine Firma. Es ist doch alles egal, nicht so wichtig, Alles Bullschitt. Ja, solche Gedanken kommen einem Menschen, der das alles life miterlebt. Und wenn er es dann irgendjemanden erzählt, dann wird er als undankbar und raffgierig eingestuft. Und die Alten kommen dann wieder ins Spiel: ja, damals im Krieg, wir hatten ja gar nichts... und.....bla bla bla.

Wann hört das endlich auf? Einigkeit und Recht und Freiheit, ja, Einigkeit, Gemeinschaft, alle werden gleich behandelt und nicht bestraft. Man vergisst nicht, was die Menschen einst erschaffen haben, wie hart sie gearbeitet haben, trotz Krankheit und Sorgen und vielem mehr. Das sind Utopien in einer Gesellschaft, die die Augen vor den Tatsachen verschließt und vor sich hinträumt. Deutschland hat sich selbst ein Bein gestellt und ist momentan im freien Fall. Wir wirtschaften nicht rauf, sondern ab. Durch Firmenschließungen, Massenentlassungen, zukunftsorientierte Arbeitstechniken steigt die Zahl der Arbeitslosen und auch der, der

Hartz IV Empfänger in den Zeiträumen von 2 Jahren und aufwärts. Das holen wir nicht mehr rein und nicht mehr auf. Die Leute werden immer älter und sind immer länger an Hartz IV gebunden. Es gibt keinen Fortschritt bei Hartz IV, es ist der absolute Untergang für den Betroffenen selbst, aber auch für Deutschland. Wir stecken in einem Rad, welches sich immer schneller dreht und irgendwann fällt es um und bricht auseinander. Den Schaden möchte ich dann nicht aufräumen. Und Hartz IV trägt einen Rattenschwanz, denn die ganze Familie hängt da dran. Die Motivationslosigkeit steigt immer höher und auch der Frust wird immer größer. Außerdem sinkt die Kaufkraft enorm, Billigläden haben Hochkonjunktur. Die Qualität geht vollkommen flöten. Hauptsache billig und möglichst davon viel ist die Devise für viele Menschen und man kann es ihnen nicht verdenken. Nicht nur die Flut des Internets tötet die Innenstädte, sondern auch die Hartz IV Spritze, denn mit wenig Geld kann ich nichts kaufen oder nur sehr wenig und die Qualität bleibt auf der Strecke. Das Leben soll auch einen Wohlfühleffekt haben, damit man Lust hat zu planen, in die Zukunft zu schauen, weiterzudenken, als nur bis zum Postkasten, mit bösen Überraschungen. Es sieht immer so aus, als wenn Menschen, die ihre Arbeit verloren haben und nach 2 Jahren Hartz IV erhalten keine Lebensberechtigung, keine Berechtigung für eine angenehme Zukunft mehr haben. Es wird von oben entschieden, ob jemand weitermachen kann und wer nicht. Pech, wenn du es nicht schaffst, heißt es dann.

Im Bundestag wird immer wieder über das Thema Hartz IV gestritten. Tagelang, Wochenlang, ja manchmal sogar Jahrelang ist es dort Thema. Aber…..Einigungen, Lösungen werden nicht getroffen, zu unterschiedlich sind die Meinungen. Deswegen wird auch oft gestritten und nicht nur angenehm geredet, was aber auch zu keiner positiven Einigung führt. Und ich komme immer wieder zu derselben Überzeugung, dass niemand über etwas entscheiden kann, was er nicht selbst miterlebt hat. Die Politiker kennen keine Empathie, kein „sich in den anderen hineindenken", gedanklich die Rollen tauschen, sie sind und man möge mir verzeihen, Egoisten, die nicht über den Tellerrand hinausschauen. Ob sie es nicht wollen ist eine andere Frage, ich sage, sie können es nicht. Warum auch, sie sind Theoretiker, die Trockenübungen machen, die einzelnen Schicksale sehen sie nicht. Sie sind für mich

Schauspieler auf einer großen Bühne, ob das Stück gut oder schlecht gespielt wird, ist unwichtig, denn sie bekommen ihr Geld sowieso. Das einzige was sie 100 %ig beherrschen müssen, ist das Lügen. Aber vielleicht gibt es da Schulungen oder man ist ein Naturtalent, dann hat man noch mehr Chancen aufzusteigen und noch mehr zu verdienen – steuerfrei. Ach ja und in die Kamera lächeln und immer wieder sagen: ich weiß von nichts, habe ich nie gesagt, kenne ich nicht und muss noch weiter beobachtet und diskutiert werden, das sind auch Talente oder Eigenschaften, die man intus haben muss. So kommt man natürlich zu keinem Ergebnis und die Leidtragenden müssen weiter ihren steinigen Weg gehen, aber man fühlt sich irgendwie genial. Brech….

Hartz IV ist der absolute Seelenkiller. Es ist der Abstieg, die letzte Instanz vor dem Zusammenbruch. Dann kommt nur noch Sozialhilfe und das ist dann der Todesstoß. Das ist für den weiteren Lebensweg sehr motivierend und anregend, um Neues anzufangen und um sich positiv zu verändern. Die Menschen, die das erleiden müssen, sollten lieber von außen motiviert werden, mit Weiterbildungsmaßnahmen, z.B. auf dem digitalen Niveau. Hochpuschen für den Arbeitsmarkt und den Anforderungen, die dort gestellt werden, auch für Menschen, die 55 oder älter sind. Nur füttern und nicht lieben, das ist eine Regel die unweigerlich zum Tod führt. Nichts anderes ist Hartz IV, man verhungert zwar nicht, weil man ja zu Essen hat, aber man verhungert seelisch. Durch Weiterbildungsmaßnahmen, die genau auf den Menschen zugeschnitten sind, lassen sich Perspektiven schaffen, Hoffnungen entzünden und Eigeninitiative wecken. Wer will denn in dem Sumpf von Hartz IV freiwillig bleiben, auf keinen Fall die Menschen, die noch Stolz und Ehre haben, aber schon ein zu hohes Alter für den Arbeitsmarkt.

Es müsste eine Gewerkschaft für Hartz IV Empfänger geben, die sich für die Menschen einsetzt. Die dafür sorgt, dass die Bundesregierung Arbeitsplätze langfristig schafft und die Auflagen erhält, diese lange zu sichern. Gerade für die Älteren wäre solch eine Absicherung Gold wert. Aber die Regierung will so etwas nicht, denn das würde ja den Menschen den Rücken stärken und das geht gar nicht. Das damit auch Geld gespart werden könnte, wird natürlich nicht gesehen, warum auch? Lieber werden sie im Stich gelassen, abgeschrieben. Wie heißt das? Kollateralschaden......

Ich schreibe dieses Buch, weil mich vieles wütend macht. Ich sagte schon mal, dass der einzige Tag der Demokratie der Tag ist, an dem wir wählen gehen dürfen. Danach beginnt eine Diktatur, denn unsere Bürgermeinung ist von da an nicht mehr gefragt. Geht doch mal in Eurem Stadtteil zu dem zuständigen Politiker und beschwert Euch oder macht Verbesserungsvorschläge, wie ich sie hier in meinem Buch gemacht habe. Wisst Ihr was Euch da erwartet??? Ein müdes Lächeln, eine abwinkende Hand und so weiter und so weiter. Wenn ich meine Meinung nicht kundtun darf und keine Diskussionsmöglichkeit gegeben ist, dann zweifele ich die Demokratie an. Friss oder stirb heißt nach der

Wahl die Devise und niemand wehrt sich. Wenn Ihr dann einen Einwand schriftlich an die zuständige Stelle schicken wollt, dann müsst Ihr zig Kopien, Anhänge, Zweitschreiben usw. anfertigen, damit sich einer überhaupt mal herablässt und die ersten Sätze Eures Schreibens liest: danach wandert es in den Mülleimer. Uns fragt niemand, wenn Gesetze erlassen werden, wir müssen sie nur befolgen und werden bestraft, wenn wir es nicht tun oder nicht vollständig. Wo ist denn da die Demokratie? Eine Diktatur wächst aus einer falsch verstandenen oder falsch gepredigten Demokratie und so wird sie gelebt, ohne, dass die Bürger es merken. Wir haben wenig Rechte im Grunde genommen, aber dafür mehr Pflichten und die lähmen uns ungemein. Z.B. die Lebenshaltungskosten....Sie steigen regelmäßig und nicht gerade wenig. Arbeitnehmer, die einen geregelten Job haben, bekommen schon langsam Probleme, die Übersicht über den Einkaufswagen zu behalten. Wenn der Blick schwammig wird, dann muss man eben Überstunden machen oder sich sogar einen Zweitjob suchen. Aber was ist mit den Leuten, die Hartz IV bekommen? Wie sollen die das auffangen? Ich sage es Euch: gar nicht. Sie bekommen für ihr Geld immer weniger und das wird einfach von den Politikern als normal angesehen. Die kleinen Erhöhungen des Hartz IV Geldes sind doch lachhaft. Soll doch mal ein Politiker, der das zu verantworten hat, mit dem Geldbetrag einkaufen gehen und auch haushalten, denn der Monat ist lang. Ich möchte gerne dabei sein, wenn dieser Mensch einkaufen geht und seine Wünsche und Gelüste immer wieder in den Hintergrund stellen muss. Ja, das ist dann Lebensfreude. Mir wird schon wieder schlecht. So kann man die Einkaufsquantität nicht steigern. Außerdem entstehen dadurch nur noch mehr 1€-Läden, die nur Müll verkaufen. Es ist erniedrigend, was sich im Hintergrund jeden Tag tut. Millionen Menschen bleiben auf der Strecke, bleiben zurück, weil sie niemand mitnimmt. Sie werden zu Menschen 2. Klasse und das ist noch human ausgedrückt. Deutschlands Qualität nimmt immer mehr ab und diese Probleme sind hausgemacht, davon bin ich überzeugt. Irgendjemand will nicht, dass etwas geändert oder verbessert wird. Änderungen erzeugen Unruhe, aber auch Lösungen und positive Resultate, aber diesem jemand passt das nicht und deshalb wird nichts unternommen und alles läuft so weiter, wie bisher. Und deswegen müssen wir dann etwas tun.

Deshalb gebe ich Euch eine Stimme, durch dieses Buch. Und ich bete dafür, dass sie gewaltig wird und das viele, viele Menschen dieses Buch lesen werden und sich angesprochen fühlen und ich hoffe, dass über mein Buch diskutiert wird, denn dadurch erlangen wir Gehör, welches wir so dringend brauchen.

Gott ist auf deren Seite, die für Gerechtigkeit kämpfen, also werden wir alle sehr gut begleitet. Denn Ungerechtigkeit wird in Deutschland immer mehr und meine Magengeschwüre deshalb auch. Ich hasse Ungerechtigkeit, sie ist link und das kann ich nicht vertragen. Nur alleine dagegen kämpfen ist schwer, wir müssen mehr werden, dann können wir es schaffen. Wir müssen mehr zusammenrücken, dann erzeugen wir eine Macht, die unbeschreiblich stark ist. Die Armut in Deutschland müsste nicht sein, wo wir doch so ein reiches Land sind. Es werden grobe Rechenfehler gemacht und das Volk muss es ausbaden. Die Schultern der Bürger sind so schwer beladen, dass es nicht mehr lange dauert und wir brechen zusammen.

Seht Euch doch mal die Wohnungen an, in die Hartz IV Empfänger gestopft werden. Wahrscheinlich habt Ihr eigene Erfahrungen hinter Euch oder sogar noch vor Euch. Es sind meistens Wohnsilos, in die kein „normaler" Mensch freiwillig einziehen würde, von der Gegend ganz zu schweigen. Klein muss sie sein und vor allen Dingen billig. Und da sind wir wieder bei dem bekannten Thema des Seelentodes, der bei Einzug unweigerlich eintritt. Hartz IV Empfänger sind Menschen zweiter Klasse und werden immer weiter in diese Kategorie reingetrieben. Auf Hilfe von außen, also von den von uns selbst gewählten Politikern, die uns vor der Wahl das Blaue vom Himmel runtergelogen haben, kann man lange warten. Sie kommt nicht, niemals, denn diese Leute haben das Dilemma ja erfunden und bauen es täglich aus. Wie soll man aus einer Krise herauskommen, wenn das Umfeld tödlicher ist, als ein Messer? Wenn man alleine gelassen wird und jemand hinter einem steht, der immer weiter Richtung Abgrund schubst? Die Leute resignieren, geben auf und lassen sich hängen. Ist das ein Wunder? Ist das wirklich ein Wunder? Ich wünschte, ein Politiker oder mehrere würden sich zurücklehnen, mein Buch lesen und damit beginnen nachzudenken. Von vorne an nachzudenken und nach Lösungen zu suchen. Und es gibt Lösungen – immer. Und ich denke, dass sie weitaus billiger wären, als die jetzige Situation. Aber da ist ja schon das andere große Problem, die Politiker müssten nachdenken, richtig nachdenken und sich einfühlen, in das Scheißleben eines Hartz IV-Empfängers. Niemand fragt diese Menschen, ob ihnen der Zustand gefällt und ob sie da schnellstens raus wollen. Ja, es gibt genug Leute, die sich in dieser Situation wohl fühlen und so leben wollen, aber um Gottes Willen, wir reden hier von Millionen Menschen, die anders denken. Warum lassen sich die Politiker von einer kleinen Menge Leute beeinflussen, die versuchen, das System auszunutzen und es ausbeuten? Groß denken, sagte schon Joseph Murphy, Groß denken und Großes erreichen, das ist der Plan. Du kannst bei drei Kindern nicht ein Kind verhungern lassen, nur weil zwei

Kinder keinen Hunger haben und nicht essen wollen. Warum verschließen sich die Politiker so sehr, warum machen sie dicht und stellen sich stur und sehen seelenruhig zu, wie Millionen Menschen vor die Hunde gehen. Sie selbst fahren in die tollsten Skigebiete in Urlaub und haben nicht einmal ein schlechtes Gewissen dabei. Sie finden das ganz normal, sie schalten einfach ab, schließen hinter sich zu und legen die Probleme auf Eis. Ich sage es immer wieder und wir haben diese Menschen gewählt, damit sie uns helfen, aus der Scheiße rausholen und wieder ins normale Leben führen, wo wir alle hingehören, denn wir haben Deutschland aufgebaut, als wir noch gebraucht wurden. Wir können nichts dafür, dass Firmen kündigen oder Pleite gehen. Wir können nichts dafür, dass immer mehr Roboter gebaut werden, die unsere

Arbeit machen. Aber wir werden bestraft, immer wieder bis auf Schlimmste bestraft. Denn nichts ist schlimmer, als uns den Lebensmut zu nehmen und die Aussicht auf eine gute Zukunft zu zerstören. Wir haben alle, laut Grundgesetz, ein Recht auf Arbeit und ein Recht auf ein gutes Leben. Warum werden nicht die Leute bestraft, die gegen dieses Recht vehement verstoßen, immer und immer wieder? Die Ungerechtigkeit wird immer mehr zu einem Monster hier in Deutschland und niemand hält es auf. Deshalb sage ich, dass wir in einer Diktatur leben, denn gerade dort hat Einer das Sagen und die anderen müssen gebückt gehorchen. Zu groß ist die Ähnlichkeit hier in Deutschland. Es ist traurig, aber wahr, aber nur wenige bemerken und begreifen den Zustand, in dem wir uns befinden. Und noch weniger Leute kämpfen für eine Änderung, für eine Demokratie, die wirklich das hält, was sie verspricht und wofür sie lebt. Für ihr Volk, für die Menschen, die ein Land aufrechterhalten, für ihr Land kämpfen, damit es allen gut geht. Wie heißt es so schön: Wenn man teilt, hat man mehr. Diesen Spruch sollten sich die oberen Damen und Herren mal an die Wand nageln. Es geht hier nicht um ihr Geld, das wollen wir nicht. Nein, wir wollen selbst für unser Geld arbeiten und stolz auf uns sein. Wir wollen, dass unsere Familien stolz auf uns sind, Ende des Monats, wenn der Gehaltsschein kommt und wir wollen alle in den Spiegel schauen und sagen können: Deutschland ist mein Land und ich bin ein Teil von ihm und ich bin stolz darauf. Ich habe nicht gedacht, dass dieser Wunsch unerfüllt bleiben wird, solange es solche Gesetze und Firmengedanken gibt, wie bisher.

Das Augenmerk wird sein geraumer Zeit nun auf Langzeitarbeitslose gerichtet, die mit Zuschüssen vom Staat einen Arbeitsplatz subventioniert bekommen sollen. Schöner Gedanke, aber warum gibt es Langzeitarbeitslose überhaupt? Warum werden sie zu Langzeitarbeitslosen, warum wird nicht vorher ein Riegel vorgeschoben, bevor das berühmte Kind in den Brunnen gefallen ist? Wäre das nicht viel intelligenter und vor allen Dingen kostengünstiger? Warum wartet man so lange, warum wird man nicht viel weiter vorher tätig und bewahrt sie vor diesem Abgrund? Unzählige warum, warum, warum? Aber nicht eine einleuchtende Antwort und nicht eine hilfreiche Tat. Und vor allen Dingen, jetzt, wo der Kragen immer enger wird, müssen Lösungen her. Lösungen, die auf dem Papier stehen, nur für das Volk oder steckt da wirklich eine Tatsache hinter? Diese Langzeitarbeitslosen hätten schon viel eher wieder Geld in die Kassen spülen können und die Kassen, nämlich die Krankenkassen, hätten auch viel weniger Kosten mit psychisch Kranken und physisch angeschlagenen Menschen, aufgrund von seelischem Leiden, die von dieser Arbeitslosigkeit herrühren und zwar nachweislich. Ein Kreislauf der sich immer wieder selbst in den Schwanz beißt, aber wir haben ja Zeit, viel Zeit und sollte ich sagen, die Politiker haben viel Zeit. Sie sind ja die Könige der Gesetze, die Macher dieser absolut kranken Zeit. Sie sind die Keime der existenziellen Erkrankung, die immer mehr frisst und zerstört. Sie sind die Erzeuger dieser Seuche, die

Deutschland immer weiter lahm legt. Und wir, das Volk, müssen zusehen, wo wir bleiben. Warum quält man uns so, obwohl Lösungen denkbar und auch greifbar sind. Oder ist das alles nur hausgemacht, wie viele der Probleme die in Deutschland grassieren? Wäre denk- und nachvollziehbar. Lösungen gibt es schon längst, aber wir werden im Dunkeln gelassen, weil so weiter Gelder fließen, woher auch immer. Gelder, die im Hintergrund an uns vorbeifließen. Macht und Geld gehören zusammen, wie der Wind und das Meer. Profit und Vertuschungen sind auch alt gewordene Geschwister der heutigen Zeit. So richtigen Einblick bekommen wir als Bürger sowieso nicht, wir könnten ja murren und aufsässig werden. Aber so bekommen wir keine Lösungen auf Dauer und die Hartz IV Situation wird auch nicht geändert oder sogar beendet. Unsere Schultern sind schon sehr belastbar, bevor wir zusammenbrechen, aber ich möchte nicht miterleben, wenn dieser Zusammenbruch irgendwann einmal stattfindet und die ganze Misere eskaliert.

Nach zwei Jahren Arbeitslosengeld gibt es Hartz IV. Zwei Jahre lang arbeitslos zu sein ist ein schlimmer Zustand. Die Antwort auf die Frage ist fast immer die Gleiche: zu alt, um noch irgendwo eingestellt zu werden. Ja, die Leute haben jahrelanges Fachwissen und haben tadellose Zeugnisse, aber sie sind zu alt. 56 oder 57 Jahre, das ist ein hohes Alter für den Arbeitsmarkt. Da wirst du nicht mehr gebraucht, egal, was du kannst oder bis dato gearbeitet hast. Es ist vollkommen egal. Will niemand mehr wissen. Sie sehen auf deine Papiere und sehen dein Alter und schon bist du raus aus dem Rennen. Du fängst ja dann langsam mit Krankheiten an und denkst an Rente, wirst gebrechlich usw. usw. Das bei den Menschen, wenn man ihnen eine Chance gibt, bevor sie im Arbeitslosendschungel ersaufen, die Motivation grenzenlos ist, darauf kommt niemand. Wäre ja auch zu einfach. Man hat eine Statistik von Faulpelzen, eine Auflistung von anderen Menschen, die keinen Bock haben und schon sind alle so, nicht wahr? So ist es doch. Diese Menschen haben Familien, haben sich etwas aufgebaut und würden nichts lieber als das aufrechtzuerhalten und weiter zu machen oder glauben die Politiker, dass Bürger mit 56 Jahren keine Träume und Wünsche mehr haben. Sind sie wirklich so dumm? Es bricht eine Welt zusammen, wenn sie den Job verlieren und nur noch 60 % oder weniger von ihrem Nettogehalt bekommen. Der Rattenschwanz ist Kilometer lang, denn damit zerbricht auch das normale Leben, die Wohnung, die Urlaube, das Auto usw. usw. Vergessen das die hohen Herren in Berlin einfach? Wird das Gefühl, die Menschenliebe einfach abgeschaltet und zur Seite gelegt, wie ein altes Handy? Ich rede hier von Menschen, von Schicksalen, von Familien die auseinanderbrechen, von Einschnitten, die ein Leben zerstören können und es auch zerstören werden. Aber, wie ich schon vorab erwähnt hatte, es ist zu weit weg, sie spüren die Ängste und Traurigkeit nicht, die Ohnmacht, die Kraftlosigkeit der Menschen, Sie sitzen in Berlin auf einem Thron, der unanfechtbar ist, sie sind nur von Kälte umgeben, die ihr Herz gefrieren lässt. Aber so muss man wohl sein, wenn man regieren will, auch wenn man Millionen Menschen dadurch in die

Hölle schickt. Man spürt ja nicht, wie schmerzhaft es ist dort zu verbrennen.

Die Lebenshaltungskosten steigen immer weiter, ganz langsam, aber stetig. Der Hartz IV Betrag passt sich dem auf keinen Fall an. Es kommt zu der sowieso schon sinkenden Moral auch noch die Tatsache hinzu, dass man sich für sein kleines Geld immer weniger leisten kann. Und wenn ich dann im Fernsehen die Erhöhungen des Hartz IV Betrages sehe, dann weiß ich nicht ob ich lachen oder weinen soll. Wer errechnet das? Wer genehmigt das und wer rechtfertigt diese „Erhöhungen"? Sicherlich wird das meiste vom Amt bezahlt, wäre ja auch noch schöner, aber was ist mit dem Leben? Mit dem wichtigsten Teil, den man nicht in die Kategorie „Überleben" stecken sollte. Oder haben Hartz IV Empfänger kein Recht auf ein gutes oder angenehmes Leben? Die meisten haben für ihr Geld hart gearbeitet und haben es verdient, wenn sie Pech hatten, dann trotzdem leben zu dürfen. Es sieht so aus, als wenn man diese Menschen noch ein zweites Mal bestrafen wollte. Job weg, wegen Kündigung und dann auch noch das Leben mies machen, mit wenig Geld. Ich sehe das so und bis jetzt hat mich noch niemand zu einer anderen Meinung hinbewegt. Wir müssen alle unterscheiden, das hier nicht von den Menschen geredet wird, die so leben wollen, nur um nicht arbeiten gehen zu müssen. Ich bitte das zu berücksichtigen. Ich kämpfe für die anderen, für die Mehrheit, die das alles nicht so verdient haben, was hier in Deutschland im Moment geschieht. Diese Menschen brauchen eine Stimme, eine Stimme, die überall zu hören ist.

Vor allen Dingen dort wo diese Gesetze gemacht werden, von Politikern, die noch niemals in solch einer Lage waren und dort auch niemals hinkommen werden. Wenn sich all diese Betroffenen zusammenschließen würden, was wäre dann in Deutschland los? Es ist eine ehrliche Frage? Und dabei ist es bereits eine Art betteln, um ein besseres Leben oder vielmehr um ein Leben wie es vorher war. Ehemalige Arbeitnehmer, die für ihr Land geschuftet haben, müssen dann betteln, um nicht in von oben gemachter Armut zu ersaufen. Warum ist das so? Warum wird so etwas mit den Menschen gemacht? Warum läuft dahingehend alles aus dem Ruder? Viele warum und keine Antwort. Aber es muss Antworten geben und ich denke es gibt sie schon lange, würden aber das System schrotten. Es resultiert sicherlich aus einer mathematischen

Formel heraus, dass alles so läuft, wie es läuft. Und wieder auf dem Rücken der Bürger, wie immer. Wir müssten ein Forum errichten oder ein Projekt starten, worin wir alle genaue Informationen über die jetzige politische Hartz IV Situation bekommen.

Der Rattenschwanz wird immer länger, denn die Armut der Kinder steigt stetig und die Lebensqualität der Kinder sinkt erheblich. Nicht nur jetzt, sondern auch in der Zukunft. Ein Kind, welches aus einer Hartz IV Familie entsprungen ist, kann keine Hoffnung auf eine gute Zukunft erwarten. Die Lebensumstände bringt es in die Kreise anderer, die entweder keinen Bock auf Arbeiten oder keinen Bock auf Lernen haben. Das färbt unweigerlich ab und lässt die Motivation im Allgemeinen stark sinken. Aber so weit ist unsere Regierung noch nicht. Noch lange nicht. Diese Weitsicht verlangt Verständnis und logisches Denken, denn wo einmal ein schlechter Anfang geboten wird, da ist ein schlechtes Ende voraussehbar. Wenn den Eltern die Perspektiven genommen werden, dann können sie für ihre Kinder nichts Besseres erschaffen. Der Staat macht die Planungen aller Familien mit Hartz IV kaputt. Es ist ein Fass ohne Boden, aber niemand fühlt sich dafür verantwortlich. Anstatt unsere Kinder zu fördern und aus dem Hartz IV Sumpf zu holen……..Das Ergebnis kennen wir alle bereits. Warum sehen unsere Politiker immer so weit nach vorne, in Weiten, die uneinholbar sind und kümmern sich nicht um die Probleme vor der eigenen und unseren Haustür? Wenn der Staat die Eltern endlich aus dieser tödlichen Falle herausholen würde und alles anders konzipieren würde, dann hätten auch deren Kinder endlich eine Chance. Aber nein, warum auch und da bin ich wieder bei dieser mathematischen Systemrechnung, die es nicht erlaubt so zu denken, wie ich es gerade tue. Sie gehen lieber einen Schritt weiter und kümmern sich um die Zukunft anderer, die eigentlich mit Deutschland nichts zu tun haben und bisher hatten. Um Gottes Willen, denen soll auch geholfen werden. Meine Mutter ist selbst damals aus Danzig vor den Russen geflohen und man hat ihr hier geholfen, aber gibt es heutzutage nicht irgendwo auch Prioritäten, nach dem Motto: Eins nach dem Anderen? Gibt es nicht auch ein Stammrecht oder sind diese Werte und Einstellungen Schnee von gestern. Ich denke nicht und Millionen anderer Deutscher sehen das genauso. Sie alle wollen nur ihren Wunsch erfüllt haben, ihren

Wunsch nach Arbeit und einer gesicherten Zukunft. Wenn das erst einmal gelingt, dann ist ein Zusammenleben mit den anderen Menschen, den Zuwanderern möglich und gewiss auch herrlich. Aber es gibt einen Knackpunkt den wir alle nicht verstehen sollen, weil es für unsere Regierung dann gefährlich werden würde. Jetzt könnte ich fordern oder vorschlagen, rettet wenigstens unsere Kinder, aber das mache ich nicht, denn….die Eltern haben jahrzehntelang geschuftet, um dieses Land aufrechtzuerhalten und um es profitabel zu machen und jetzt werden sie abgeschoben, zerstört und hängengelassen. Und wenn sie das mit den Eltern so machen, dann fahren sie mit den Kindern fort. Und immer so weiter. Die Regierung ist stolz auf die sinkenden Arbeitslosenzahlen. Ich finde das zum Lachen. Wieviel Menschen, z.B.

Frauen waren im Arbeitsprozess, sind arbeitslos geworden und anschließend schwanger. Sie fallen aus der Statistik, das hat aber nichts mit Arbeit zu tun, die sie anschließend erhalten haben, sondern um Mutterglück, was sich zu Hause abspielt. Sommerarbeit, Winterarbeit (Weihnachtsmärkte), alle senken die Arbeitslosigkeit, aber nur vorübergehend, aber die Politiker laben sich an den Zahlen und meinen sie haben Arbeitsplätze geschaffen, das ist Humbug, eine einzige Lüge. Und so werden Statistiken immer schön geschrieben und schön gedacht. Es ist zum Heulen. Wie kann man sich über etwas freuen oder sich einen Orden an die Brust heften, wenn die Ergebnisse alle verfälscht und falsch durchdacht sind? Das würde mich persönlich niemals stolz machen, niemals. Aber wir haben natürlich überhaupt keine Ahnung und das sind unhaltbare Vorwürfe. Ich höre schon die Stimmen verschiedenster Stellen, die sagen werden: „Frau Figge, also so geht das ja nicht. Was erlauben Sie sich?" Was ich mir erlaube? Ich erlaube mir, die Wahrheit zu sagen. Ich erlaube mir, laut zu denken und ich erlaube mir zu sagen, was ich denke. Leben wir nicht in einer Demokratie? Wird es uns nicht, wenn Wahlen sind, von jedem Plakat heruntergelächelt? Wir in Deutschland: Demokratisch, praktisch, gut. Sorry, aber ich muss schon wieder herzhaft lachen. Aber wenn diese heilige Demokratie mit Äußerungen, wie meinen, angegriffen oder auch nur gestreift wird, dann kommt diese ganze Demokratie ins Wanken und dann werden einige Kragen Schweißdurchtränkt. Das tut mir aber so was von leid. Ja, man muss auch einstecken können, wenn man andauernd austeilt und zwar heftig. Aber die da oben glauben ja nicht an Gegenwehr, nicht hier in Deutschland. Auf keinen Fall. Wir Deutschen sind viel zu elastisch, viel zu gnädig und nachsichtig. Wir müssten auch mal autoritär werden, wir das Volk. Gesetze werden uns um die Ohren gehauen und wir müssen sie schlucken, sie einhalten, auch wenn wir daran kaputtgehen. Wir sind die unteren Pedale und die werden immer getreten, bis sie nachgeben und ausleiern, aber dann hat man sie genau da, wo man sie hinhaben will – am Boden. So ist es schon seit Angedenken und wenn wir, das Volk, uns nicht ändern, dann wird sich unsere Zukunft in Deutschland auch nicht ändern. Denn eins dürfen wir niemals vergessen, wir sind Deutschland, niemand anders.

Dabei sind unsere Wünsche ja sooo klein. Kaum zu glauben, wie schnell wir zufrieden zu stellen sind, aber selbst das gelingt den hohen Damen und Herren nicht. Sie schaffen es nicht ihre eigenen Kinder, nämlich uns, glücklich zu machen und greifen mit offenen Händen in die Ferne, um dort etwas zu erreichen. Ist das nicht fruchtbar und beschämend? Ich lasse mein eigenes Kind verhungern und verdursten, um mich erst um das Kind des Nachbarn zu kümmern? Und wenn das versorgt ist, dann kümmere ich mich um mein eigenes Kind, aber……dann ist es tot. Mensch, Ihr alle da draußen, so kann es doch nicht weitergehen. Wir wollen doch nicht viel, nur unsere Recht, welches im Grundgesetz verankert ist. Ist das zu viel verlangt? Ich sage laut und deutlich: nein.

Was könnte unser Land blühen, wenn hier Einigkeit herrschen würde. Es gab mal eine Zeit, wo jeder Arbeit hatte und jeder sich etwas leisten konnte. Ich frage mich manchmal, warum diese Zeit vorbei ist, obwohl dauernd von Wachstum die Rede ist. Nur in welche Richtung geht dieses Wachstum, in welche Taschen? Irgendwo muss es einen Knoten geben, weshalb es nicht so weitergeht, wie wir es uns wünschen. Irgendwo ist das System unterbrochen und es können keine positiven Resultate mehr erwartet werden, obwohl......keine positiven Resultate mehr erwartet werden „wollen", so kommt es mir immer mehr vor. Rebellion, Revolution? Was sollen wir kleinen Bürger machen, damit man uns, trotz Demokratie, hört? Ja, trotz Demokratie, denn auf normalem Wege haben wir, so denke ich, keine reelle

Chance. Nach den Wahlen bildet sich in Deutschland eine Diktatur und unter der müssen wir alle leiden. Aber, es ist natürlich nicht so, werden die Politiker jetzt sagen, dass verstehen wir alle ganz falsch. Wir sind nicht richtig informiert oder wir haben es einfach nicht verstanden. So einfach ist das.

Die Kaufkraft in Deutschland lässt nach. Immer mehr 1€-Shops eröffnen, wo früher Fachgeschäfte waren. Nehmen wir z.B. Gelsenkirchen. Eine gut besuchte und von allen geliebte Stadt, mit einer Flaniermeile, die sich Bahnhofstraße nannte. Überall gab es Fachgeschäfte, gute Porzellanmanufakturen, Modehäuser, exquisite Restaurants. Es war herrlich am Wochenende dort zu verweilen, sich mit Freunden zu treffen und es sich gut gehen zu lassen. Von all dem ist nichts mehr übrig. Vor 25 Jahren begann es, dass die Geschäfte sich von dieser Straße zurückzogen, weil es keine Kunden mehr gab, die auf gute Ware Wert legte. Die Menschen vermischten sich und es entstanden immer mehr Kulturen, die sich für so etwas nicht interessierte. Da begann auch die Zeit der hohen Arbeitslosigkeit und schließlich die Zeit mit der Hartz IV – Einführung, 2005. Von da an ging es bergab und nichts konnte den Zerfall aufhalten oder es wollte ihn niemand aufhalten. Sicherlich wurde die Stadt bunter, aber sie starb auch immer mehr und jetzt liegt sie im Koma und ob sie jemals wieder aufwacht ist zweifelhaft. Eine blühende Stadt dem Tod so nah und niemand hat anscheinend die Kraft sie wiederzubeleben und sie zu heilen und damit auch die Menschen, die in ihr wohnen. Es leben dort hunderttausende Hartz IV Empfänger. Die

Zechen sind schon lange gestorben, damit auch viele Arbeitsplätze, aber es ist ja alles richtig, was da geschehen ist, so wird es uns erzählt und vorgegaukelt. Diese vielen Menschen, die in Gelsenkirchen wohnen sind eben diese Menschen, die keine Kaufkraft besitzen, weil sie zu wenig Geld haben. Weil sie mit Hartz IV stranguliert werden und nie mehr da heraus kommen, denn der Staat will es nicht. Es ist nicht für alle Arbeit da, aber jetzt, wo noch mehr Menschen nach Deutschland gekommen sind, da gibt man diesen Leuten Arbeit. Warum hat man unsere Leute nicht dahingehend ausgebildet, verbessert, um sie dann in diese Arbeitsplätze hineinzubringen. Für mich ist das eine Systemlüge, die immer fetter wird und irgendwann platzt. Wir entwickeln uns nach hinten zurück in die Steinzeit, wo es ein Gesetz gab: der Stärkere gewinnt. Und genau jetzt, zu der heutigen Zeit gilt dieses Gesetz wieder. Denkt mal nach, wer die Schwächeren sind. Wir waren mal die Starken, als wir Deutschland aufgebaut haben, als wir unseren Schweiß und unsere Muskelkraft in den Dienst unseres Landes gestellt haben. Diejenigen, die im Krieg waren, aber auch diejenigen die zur Bundeswehr gezogen wurde, ihre Ausbildungsplätze dadurch verloren und mit wenig Sold zurechtkommen mussten. Oder die Söhne, die aus den väterlichen Betrieben genommen wurden, um zur Bundeswehr zu gehen. Hat man diese Leute alle vergessen? Hat man wirklich eiskalt vergessen, was diese Leute für Deutschland getan haben? Wie sie 40 Jahre und mehr ihres Lebens geopfert haben, um einem Betrieb treu zu bleiben und ihm in guten und schlechten Zeiten beizustehen? Dann gekün-

digt wurden und nun abgespeist
werden und man seelenruhig zu-
sieht, wie sie in ihren Ruin gleiten.
Von der Wohnung angefangen,
über Kleidung, Lebensstandard
usw. Und ganz später zahlen sie
die Rechnung für ihre kaputte Ge-
sundheit, denn seelische Leiden
können töten, aber das ist nur den
Wenigsten wirklich bekannt. Diese
Leute sollten mal googlen oder
sich mit diesem Menschen hautnah
befassen, dann könnten sie vielleicht einiges besser verstehen und
vor allen Dingen nachvollziehen.
Vielleicht würden sie dann auch
merken, ob sie noch ein paar Tränen übrig hätten und den Wunsch,
wirklich einmal zu helfen und Lösungen zu finden, denn so, wie es
jetzt ist, wird unser Deutschland
untergehen. Ein für alle mal.

Wenn man mal eine mathemati-
sche Aufstellung machen würde,

dann wäre ersichtlich, wieviel Gelder und wie hoch die Summen seit der Einführung von Hartz IV liegen. Hätte man für das Geld die Menschen nicht umschulen oder „neu programmieren" können? Wäre das am Ende nicht um einiges kostengünstiger gewesen? Und nun schöpfen immer mehr Menschen aus dem Sozialtopf, das heißt, dass es noch teurer wird. Und wieder wird der gleiche Fehler gemacht. Alle schimpfen auf die Hartz IV Empfänger, aber niemand gibt ihnen eine Chance wieder ins Geschäft zu kommen, vor allen Dingen den „Alten" nicht. Erst haben diese Leute gut verdient, dann kam das Arbeitslosengeld, dann Hartz IV und später ihre Rente. Tja, davon kann man weder leben noch sterben, aber sparen kann man sich was davon. (Heinz Erhardt) Ich stehe den Dingen immer fassungslos gegenüber und kann nicht glauben was da oben passiert und niemand wacht endlich auf und ändert etwas. Wie soll das noch weitergehen? Was kommt da noch auf uns zu? Wir werden zu einer Zweiklassengesellschaft und der Hass wird immer größer. Früher gab es die Staffelung Reich, Mittelstand, arm. Heute existiert diese Staffelung nicht mehr, denn heute gibt es nur noch extrem reich und Grottenarm. Die Menschen, die Hartz IV bekommen, werden unterdrückt, beiseitegeschoben und vernachlässigt. Und sie sind die Gesellschaft, die in den Abgrund schießt. Und die Politiker schubsen sie noch, damit es schneller geht. Häuser werden von Steuergeldern bezahlt, Häuser in denen noch mehr Leute wohnen sollen, die in unser Land kommen. OK, das ist vielleicht auch alles richtig, aber könnte man das Geld nicht auch zum Teil nehmen und damit neue Arbeitsplätze schaffen? Als unser Land noch das Land des Stahls war, hatten wir auch einen besseren Ruf als heute und viele Arbeits- und Ausbildungsplätze. Aber heute wird alles verkauft und veräußert nach China, Japan, Italien usw. und wir schrumpfen zusammen. Wie hieß es noch so schön von einem Kollegen von mir? „Deutschland schafft sich ab", ja es gelingt Deutschland immer mehr, in der Tat. Wer teilt hat mehr, aber wer sich verkauft bleibt auf der Strecke und stirbt.

Und ich kann es immer nur wiederholen, es geht in den meisten Fällen um die ältere Generation, die, nach Rationalisierungsmaßnahmen seitens des Unternehmens, auf der Straße landen und damit den Anschluss niemals wiederfinden. Sie werden ausrangiert, wie alte Kleider und....vergessen. Da sollte die Regierung ansetzen und diesen Menschen wieder Arbeit geben. Es hieß ja mal, wir brauchen deren Erfahrungen in den Betrieben. Warum wurden sie dann entlassen? Weil ihre Erfahrungen Geld wert sind und sie letztendlich zu teuer wurden? Das ist doch alles paradox. Der Staat würde viel Geld sparen, wenn er sich um diese Menschen kümmern würde und sie würden mehr Steuern einnehmen. Jeder würde davon profitieren, es wäre eine Win-Win Situation, ein Geben und Nehmen. Es ist doch so einfach, aber es harmoniert mit Sicherheit nicht mit den Plänen der Bundesregierung.

Auch die Banken und Sparkassen profitieren in keinster Weise von den Hartz IV Lösungen. Im Gegenteil. Die sonstigen Arbeitnehmer hatten Sparguthaben oder Verträge mit ihren Arbeitsgebern, nun kommt nichts mehr. Ist das nicht tragisch für unseren Staat? Ich denke schon und zwar gravierend. Also schießen sich die Politiker und Gesetzgeber doch immer selbst ins Knie. Da soll mir doch einer mal die Logik aus dieser Handlung erklären. Wo nichts ist, da kann auch nichts kommen. Ganz simpel, nicht wahr? Man boykottiert sich selbst, das wäre ein gutes Thema für ein Theaterstück. Null plus null ergibt null oder ist da jemand anderer Meinung? Ich denke auch Einstein hat so gerechnet. Prozente aus einer Null zu holen ist recht schwierig, nehme ich mal an. So nach dem Motto: fasse einem nackten Mann in die Tasche und du wirst leer ausgehen. Welch´ glanzvolle Logik umgibt mich. Aus meiner Sicht könnte es unserem Staat tausend Mal besser gehen, wenn jeder Arbeit hätte. Ein neues Paradies würde erblühen. Also warum nicht die Gelder in die Hand nehmen und Arbeitsplätze schaffen? Das hätte aber schon vor der Asylantenflut geschehen müssen. Dann könnte der Staat auch alle jetzt begangenen Fehler besser ausbügeln oder sagen wir kostengünstiger. Denkt Ihr nicht auch? Irgendwo grassiert ein Denkfehler unsererseits, dem kleinen Bürger, obwohl mir alles sehr spanisch vorkommt. Etwas stimmt da nicht im Regierungshaus. Da lassen Politiker Unsummen von Geldern „sausen" und erfinden Hartz IV oder können sie jetzt nicht einfach zurückrudern, weil sie dann ihr Gesicht verlieren würden? Nun, so viel Gesicht haben sie alle ohnehin nicht mehr…..Mensch, wir würden ihnen ja verzeihen, wenn sie das Schiff wieder auf den richtigen Kurs bringen würden. Wir Kleinen sind ja nicht nachtragend, wir möchten nur wieder richtig und vor allen Dingen normal leben, so wie wir es alle verdient haben und nicht am Ende in Mülltonnen wühlen und betteln gehen müssen, weil irgendjemand sich grausam verrechnet hat. Warum geht das nicht in deren Schädel? „Wir schaffen das", sagte mal Frau Merkel, ja, sie hat Recht. Sie schafft es, Deutschland in den Ruin zu treiben und die Menschen darin ebenfalls, bis auf die Reichen, die haben natürlich die besseren Karten, die gehen niemals unter, wo sie auch immer sein mögen. Das ist kein Vorwurf, sondern ein Puzzleteilchen aus der Realität, das immer heißer wird, wo wir auch hinsehen. Die Bundeskanzlerin oder der Bundeskanzler wird im Parlament gewählt, warum bitte schön, werden sie nicht vom Volk gewählt? Das ist genauso, wie in vielen Firmen. Da werden die Mitarbeiter vom Vorgesetzten bewertet, die gar nicht mitbekommen, was der Mitarbeiter Tag für Tag leistet. Er wird bewertet nach dem Einheitsprinzip und gut ist. Der Vorgesetzte selbst wird auch bewertet, aber von seinem direkten Vorgesetzten, der gar nicht mitbekommt, was der Vorgesetzte der Mitarbeiter alles leistet oder auch nicht, wie er sich gegenüber den Mitarbeitern benimmt, wie er entscheidet, handelt usw. usw. Die Mitarbeiter müssten ihn bewerten, nicht der höhere Vorgesetzte, der gar nichts mitbekommt. Und so ist das auch im Bundestag. Dort wird der Chef gewählt und alle müssen gehorchen. Ich frage nochmal: ist das wirklich demokratisch???? Wieder eine Antwort, die nein lautet.

Ein anderes Thema, welches auch sehr interessant ist, wäre z.B. die Überlegung, sich selbstständig zu machen. Nun, jeder Mensch, der arbeitet und vielleicht auch etwas gespart hat, kann zur Bank gehen und einen Kredit aufnehmen. Die Sicherheit der Bank wäre das zu eröffnende Geschäft und das Guthaben des Kreditnehmers. Wäre da noch ein Bürge wäre die Sache komplett und realisierbar. Nicht so bei einem Hartz IV Empfänger. Nicht nur, dass er keine Arbeit hat, nein er könnte sich noch nicht einmal selbstständig machen, um so wieder am Leben teilnehmen zu können. Also ist diese Aussicht, aus der Falle herauszukommen, auch verbaut. Der Staat tut nichts Gutes für Menschen, die für ihr Pech nichts können und nicht selbst verantwortlich dafür sind. Sieht das eigentlich niemand, dass diese Menschen sich drehen und wenden können und es bleibt immer die gleiche Scheiße? Sie kommen da nicht alleine raus und niemand hilft ihnen. Nur ein Narr kann glauben, dass die Motivation dieser Bürger nicht auf null gesunken ist. Ganz zu schweigen von dem Vertrauen in den Staat und vielem mehr.

Ich möchte in meinem Buch nochmal betonen, dass die Menschen, die unglücklicher Weise in die Hartz IV Falle gerutscht sind, sich keineswegs schämen sollten. Es ist kein Makel, wenn man Hartz IV bekommt. Ihr dürft niemals vergessen, wieviel Jahre Ihr für ein oder auch mehrere Unternehmen gearbeitet habt und plötzlich „wertlos" geworden seid. Einer weiß es immer besser in der Geschäftsleitung und geht nur nach Zahlen. Die Menschen in den Betrieben sind diesen Leuten meisten unbekannt. Sie identifizieren sich nicht mit den Schicksalen, wie auch, wenn man die betroffenen

Menschen nicht kennt. Dafür haben sie ja auch gar keine Zeit. Sie müssen an das Unternehmen und…..an sich denken. Sie vergessen dabei aber ganz, dass sie vielleicht irgendwann, die nächsten sein könnten, wenn der Geschäftsleitung deren Gesicht nicht mehr gefällt. Oder ein Jüngerer alles besser und vor allen Dingen preiswerter macht. Und so lange Ihr kämpft, ist alles gut. Ich will mit Euch kämpfen, dass es in unserem Land wieder Gerechtigkeit gibt. So kann es nicht bleiben, wie es momentan ist und die Politiker wissen das. Sie haben nur noch keine Ahnung, wo sie die Lösung dieses Problems finden könnten. Sie suchen auch nicht richtig, sage ich, weil es sie nicht persönlich betrifft.

Sie gehen mit den Menschenleben um, als wenn sie nichts wert wären. Aber Ihr dürft niemals aufgeben. Ich versuche durch mein Buch Euch eine Stimme zu geben, dass die Leute da oben endlich anfangen nachzudenken und schneller handeln. Denn jeden Tag müssen Menschen leiden, darunter auch unzählige Kinder, deren Eltern Hartz IV Empfänger sind und in der Schule deswegen gehänselt werden. Diese Kinder können keine Zukunft haben, weil man die Zukunft der Eltern bereits zerstört hat, jeden Tag ein bisschen mehr. Kinderarmut ist hausgemacht, durch unüberlegte und zu schnell verabschiedete Gesetze, die nie wieder überdacht werden. Da draußen seid Ihr alle mit so viel Berufserfahrung, mit Unmengen an Ideen und Visionen, mit ungeheuer viel Fleiß und Einsatzbereitschaft. Wir müssen es schaffen, dass man Euch endlich anhört und Euch von der Straße nimmt und wieder in das Berufsleben einführt.

Die Unternehmen können nur gewinnen.

Ihr seid es wert, dass man Euch diese Chancen gibt, denn die Betriebe haben ja von Euch damals profitiert, bevor man Euch rationalisiert hat. Das kann doch nicht vergessen worden sein, auch nicht von der Politik. Das kostbare Know How in den Firmen wird nicht von Maschinen gemacht, sondern von Menschen. Menschen geben einer Firma erst eine Seele und den Kunden das Gefühl wichtig zu sein. Die Kunden müssen spüren, dass sie geliebt werden. Ja, jeder Mensch auf dieser großen Erde will geliebt werden und vor allen Dingen spüren, dass er etwas bedeutet, dem Unternehmen etwas bedeutet. Wenn Kunden spüren, dass sie von dem gekauften Produkt und vor allen Dingen von dem Service überzeugt sind und denken, dass dieses Produkt und dieser Service nur für sie alleine entstanden ist, dann entsteht ein Zusammenhalt, eine Wärme, eine Treue, die jedes Unternehmen braucht, denn ohne Treue wäre kein Kunde mehr da, der kauft. Die Zusammenfindung von Kunde und Unternehmen ist wie eine gute Ehe. Es muss von beiden Seiten etwas kommen, dann ist diese Verbindung perfekt. Und für all das benötigt man Menschen, Menschen, die sich mit dem Unternehmen identifizieren und Menschen die sich mit dem Produkt identifizieren. So läuft der geschäftliche Kreislauf überall auf dieser großen Welt. Aber irgendwo sitzen Leute, die denken, dass es auch ohne Menschen auf der Unternehmerseite geht. Das ist aber ein fataler und grausamer Irrtum. Und....je mehr Menschen arbeitslos oder auf kleinem Niveau gehalten werden, desto mehr sinkt die Kaufkraft und je mehr die Kaufkraft sinkt, desto mehr sinkt der Umsatz der Unternehmen. Dann braucht nicht mehr so viel investiert und hergestellt werden, warum auch, es ist ja niemand mehr da, der die Produkte dann kauft. Es kommt mir manchmal so vor, als wenn die Mathematik Amok läuft und niemand mehr da ist, der sie versteht und nicht weiß, wie es weitergehen soll. Warum existiert so viel Sturheit in Deutschland? Wir sind die Vorreiter der Sturheit auf fast jedem Gebiet und so zerstören wir uns selbst, immer mehr und immer schneller. Die junge Generation wird ja dorthin geprügelt, dass alles nur noch online läuft, die Menschen wegfallen. Es wird immer kälter in Deutschland, auch wenn es noch einige Zeit dauern wird, bis der letzte Vorhang endgültig fällt, aber wenn er einmal gefallen ist, dann wird niemand mehr da sein, der ihn aufhebt oder nochmal hochzieht, zu einer neuen Novelle. Dann wird für eine Erinnerung produziert und nicht mehr für die Realität. Aber eins frage ich mich immer wieder, wir sind alles normale Menschen und keine Professoren, warum verstehen wir den Ernst der Lage und die da oben nicht? Ich habe die Antwort: sie wollen es nicht verstehen und geben uns zu verstehen, dass wir es sein lassen sollen es verstehen zu wollen. Ganz einfach. Deshalb kann ich auch viele Menschen verstehen, die morgens nicht mehr aufstehen wollen, die unmotiviert sind und sich gehen lassen. Sie haben nur einen Gedanken: wofür? Sie haben sich abgerackert und wurden dafür bestraft. Sie hatten Visionen, die zerstört wurden, sie hatten Träume, die zu Alpträumen wurden, sie hatten Gedanken, die niemand hören wollte. Sie hatten noch Mut und Kraft und einen Willen, der niedergemacht worden ist und dann nach 2 Jahren mit Hartz IV gekrönt wurde. Nur ein Schuss ins Hirn wäre noch schlimmer, aber dann würde die Seele vor Schmerzen nicht mehr so laut schreien. Können sich die Bonzen eigentlich vorstellen, wie still es dann auf der Erde wäre, wenn die schreienden und verletzten Seelen stumm blieben, die man vorher hören konnte? Es wäre grausamer als der härteste Horrorfilm.

Wenn ich mir vorstelle, wieviel Ideen draußen auf uns alle warten, Ideen zur Verbesserung vieler Dinge, die uns das Leben erleichtern könnten, technologische Ideen, menschliche Ideen, die jetzt irgendwo in einer 40 qm Wohnung vergammeln und in den seelischen

Müll wandern. Mich verletzt das ungemein und nur Menschen, die nichts mehr fühlen, lässt das alles kalt. Da werden Potentiale zerstört, die Deutschland noch besser machen würden, noch größer und sicherer, aber sie lassen es nicht zu. Sie verschließen sich davor und blocken alles ab. Ich finde das so grausam. Ob die Politiker das alles auch ihren Kindern, Schwestern und Brüdern und allen anderen Verwandten zumuten würden? Ich glaube kaum. So weit denken die da oben gar nicht. Es ist so dermaßen traurig, dass ich ständig weinen könnte, deshalb will ich mit Euch kämpfen und endlich eine Lösung finden, dass es allen Menschen hier in Deutschland gut geht. Wir haben es alle verdient. Ein Leben, wo jeder Mensch sein Glück findet, Harmonie und Erfolg, sein Geld verdient, schön wohnen kann und seine Freiheit hat, angstfrei leben kann. Selbst schon in der Bibel gibt es solche Passagen, worin über das Glück der Menschheit geschrieben wurde. Die haben es verstanden, damals, aber heute………..

Ich wünsche mir so sehr, dass mein Buch viele Menschen wach rüttelt, die vor allen Dingen wach rüttelt, die in den dafür vorgesehenen Positionen sitzen und etwas tun können. Endlich etwas tun. Ich sehe mein Buch als einen neuen Weg, als eine deutliche Beschreibung, wie es tatsächlich „hier unten" aussieht. Es haben sich ja mal einige Politiker herabgelassen und sind in die Städte gefahren, wo die Hartz IV Quote sehr hoch ist. Ich weiß nicht ob Ihr das alle im Fernsehen verfolgen konntet. Es war ein Lustspiel der Superlative. Sie brauchten ca. 15 Minuten um durch solch eine Stadt bzw. deren

Straßen zu gehen oder besser gesagt zu fahren, mit ihren Limousinen. Sie sprachen kaum mit den betroffenen Menschen, sie sahen manchmal noch nicht einmal aus dem Fenster, wenn sie vorbeifuhren. Und abends in den Nachrichtensendungen wurde darüber gesprochen und ein Resultat präsentiert, welches mich noch wahnsinniger machte. Sie sagten, dass sie sich das schlimmer vorgestellt hätten und die Menschen waren ja so freundlich und die Gegenden waren doch gar nicht so schlimm. Ich war fassungslos. Die Menschen waren so freundlich, ja hätten sie mit Kalaschnikows am Straßenrand stehen und sie mit Tränen füllen sollen???? Wie hätten denn die Menschen diese Politiker begrüßen sollen? Ich dachte diese Leute wüssten, wo sie gerade hinfahren und steigen mal aus und reden mit den Leuten. Sehen sich die Wohnungen an, die Gegebenheiten, das Leben derer, wo sie hausten und schliefen mit Hartz IV. Nein, das wollten sie natürlich nicht, das ginge wohl zu weit. Warum haben sie dann überhaupt den Sprit und ihre Zeit vergeudet? Schnell wieder weg und die Hand vor Augen, alles gut, so schlimm ist es ja doch nicht. Ich könnte wieder kotzen. Warum haben sie sich nicht mal die Kinder aus nächster Nähe angeguckt und ihnen in die Augen gesehen? Warum? Weil sie das nicht können, so viel Courage haben sie dann doch nicht. Kinderaugen erzählen mehr als jedes Buch und jedes Gesetz. Kinderaugen sprechen die Wahrheit, zeigen ungeschminkt die kalte und hässliche Wahrheit eines jeden Tages in ihrem jungen Leben. Wenn es jetzt schon so grausam und beschissen ist, wie soll es denn in ein paar Jahren aussehen, wenn sie keinen

Ausbildungsplatz bekommen, weil ihre Eltern ja Hartzer sind? Und Hartzer werden ja auch immer mit Alkoholikern verglichen, denn was sollen die denn auch den ganzen Tag machen, als sich prügeln, saufen und rumlungern? Ich fasse es nicht mehr. Sie können sich die Ausbildungen und Hilfen nicht leisten. Nachhilfestunden sind sehr teuer und die bezahlt niemand. Wenn manche dann ihre Anschrift angeben, gehen schon die Augenbrauen hoch bei den zuständigen Behörden. Ja, wo sollen sie denn wohnen, sie wohnen nun mal in diesen billigen Silos, wo die Wohnungen nichts kosten, weil sie es ja nicht besser verdient haben, sie tun ja nichts für den Staat. Aber was sie damals für den Staat getan haben, das ist alles vergessen und nichts mehr wert. Wer hat denn Deutschland aufgebaut, wer? Die Leute die heute zu alt für den Arbeitsmarkt sind, obwohl sie gute Ausbildungen haben und jahrzehntelang geschuftet haben. Oder die, die zur Bundeswehr gegangen sind, für Deutschland. Denen, die Bundeswehr die Arbeitsstellen kaputt gemacht hat oder von einem guten Gehalt auf 150 Mark Wehrsold abrutschten. Denken die hohen Damen und Herren auch mal an diese Menschen? Nein….sie tun es nicht. Das wäre ja auch zu nah am Geschehen und würde Lösungen fordern.

Ich, ein kleines Kügelchen im großen Behälter der Welt oder ich, ein kleines Zahnrädchen im Universum möchte mich bei Euch bedanken, dass es Euch gibt und zwar als ganz wundervolle Menschen. Ohne Euch gäbe es Deutschland nicht und ohne Euch wäre die Welt nicht so schön. Wir sind eine Familie, eine Gemeinschaft, die zwar sehr oft alleine auf weiter Flur steht und oft genug alleine gelassen wird von Leuten, die viel ändern könnten, aber wir bleiben uns trotzdem treu und bleiben eine kostbare Familie. Wir, das sind viele und es werden immer mehr, die nein sagen, zu den bisherigen Gegebenheiten und Machenschaften, die uns täglich umgeben. Wir wollen Einigkeit und Recht und Frieden zelebrieren, jeden Tag, so wie es die Deutschlandhymne in ihren Zeilen schreibt, auch wenn wir dabei alleine stehen. So stehen doch Millionen Menschen dafür auf und kämpfen um ihr Recht und um ihre Zukunft und ich kämpfe mit ihnen, mit Euch. Und wir alle müssen immer wieder, ohne Unterlass, unseren Unmut kundtun, bis die Menschen da oben nicht mehr weghören oder wegsehen können. Es muss eine Lösung für all das geben, was hier jeden Tag passiert

– mit Euch – mit uns. Das haben wir alle nicht verdient, dass man uns so behandelt und so zu Menschen zweiter Klasse abstempelt. Dies hat niemand verdient, egal wo er auch immer herkommt. Wir alle haben ein gutes Leben verdient, weil wir alle etwas dafür getan haben, jahrzehntelang und selbst wenn jemand noch jung ist und noch nicht viel für Deutschland beitragen konnte, so hat er doch ein Recht auf ein normales und gutes Leben und auf Arbeit. Jeder hat ein Recht auf Arbeit, so steht es im Grundgesetz, aber viele Politiker verstoßen dagegen und ändern nichts daran. Deutschland ist groß und es bietet für jeden Platz, auch für die Menschen die arbeiten wollen und es auch fordern. Überall ist Arbeit und überall muss etwas für die Zukunft getan werden. Für die eigene Zukunft und für die große Zukunft Deutschlands und dafür braucht man Menschen, nämlich uns alle und zwar jeden neuen Tag.

Die Idee der Bundeskanzlerin, dass Hartz IV Empfänger mehr dazuverdienen können ist eigentlich Unsinn in Bezug auf die Rente. Damit würde der momentane Lebensunterhalt aufgestockt, verringert aber immer noch die spätere Rentenhöhe und die ist wichtig. Kein Mensch will sein Leben lang Hartz IV oder Sozialhilfe beziehen. Wir müssen diese Menschen aus diesem Sumpf herausholen, sie müssen davon ganz befreit werden und wieder Zukunftsaussichten bekommen, die lohnenswert sind. Sie brauchen eine dauerhafte Arbeit mit allen Sozialleistungen und Versicherungen, so erhalten sie ihren Stolz, ihre Ehre und ihre Lebensqualität zurück. Alles andere ist nur ein Schönreden der Politik, es hilft nicht wirklich. Und die ewigen Prüfungen des Dazuverdienens sind auch aus der Sicht der Unternehmen nicht korrekt. So werden diese Menschen wieder ausgenutzt. Man gaukelt ihnen einen höheren Verdienst vor und beutet sie dennoch aus. Das kann letztendlich niemand mehr kontrollieren. Die Menschen brauchen sichere und ausbaufähige Jobs, die sich auch auf die Rente auswirken. Sie müssen sich dort wohl fühlen und sich auch weiterbilden können. Viele Hartz IV Empfänger sind junge Menschen, die noch viele Jahre Arbeitsleben vor sich haben und es kann nicht sein, dass man diese Lücken nur mit Dazuverdienen und Hartz IV füllen will. Deutschland braucht fähige und fleißige Arbeitnehmer, die für ihre Arbeit auch korrekt bezahlt werden und wenn möglich auch Zusatzleistungen erhalten, wie z.B.

Weihnachts- und Urlaubsgeld und wie in manchen Firmen auch üblich: Erfolgsbeteiligungen. Deutschland braucht deren Arbeitskraft und deren Visionen. Deutschland braucht fähige Leute, die mitdenken, die motiviert sind und nicht mit einem höheren „Taschengeld" abserviert werden, nur damit die Statistik sauber oder das Gewissen beruhigt wird. Die Bundesregierung muss aufgefordert werden mehr Arbeitsplätze zu schaffen, sichere Arbeitsplätze mit ausbaufähigen Verdienstmöglichkeiten, Karriereleitern, die auch bestiegen werden können, ohne Abitur mit 1,0, sondern mit Ehrgeiz, Eigeninitiative, Wissen, Fleiß und eisernem Willen. Die Menschen sind hungrig auf Arbeit, hungrig auf ein normales und gutes Leben. Hungrig auf eine bessere Zukunft. Das sie Mitreden können, Mitentscheiden, was mit ihnen geschieht und wie man es verbessern kann. Sie wollen gefordert werden, angehört werden und sie wollen ernst genommen werden. So schwer kann das doch nicht sein, dies alles zu verstehen.

Unsere Sozialkassen werden so sehr geschröpft und belastet, da ist doch ein Ausbau von Arbeitsplätzen und eine Arbeitsplatzbeschaffung die beste Lösung, sonst wird das System bald kollabieren und das nützt niemandem etwas, aber vielleicht kauft ja Deutschland dann ein reicher Amerikaner oder Chinese, der unser Land dann auf seine Weise wieder aufbaut oder Deutschland als Parkplatz benutzt. Alles ist möglich, wenn nicht bald etwas Gravierendes geschieht. Vielleicht sollten die Politiker mal die Betroffenen, um die es eigentlich geht mit ins Boot holen und diese Menschen befragen. Ich wette, da kämen unzählige goldrichtige Ideen und Vorschläge zusammen, denn schließlich geht es ja um diese Leute. Menschen, die es nicht betrifft fällen Entscheidungen und reden über etwas was sie nie erlebt haben und auch nicht erleben werden. Hier gibt es Menschen die um Arbeit betteln, die betteln, um einfach glücklich zu sein. Sie wollen ein geregeltes Leben und ein Ziel haben, welches durch Arbeit zu erreichen ist. Mir kommt es manchmal so vor, als wenn die Regierung diese Millionen von Menschen klein halten will, aus welchen Gründen auch immer. Wir können nur stark sein, wenn alle stark sind. Das ist wie in einem menschlichen Körper, wenn eine Funktion ausfällt, dann schwächelt der Mensch und hier schwächelt Deutschland ganz allmählich und es wird immer deutlicher, dass hier etwas nicht stimmt.

Reiches Deutschland, aber es weigert sich noch reicher zu werden und ich rede hier nicht von Geld, sondern von menschlichem Reichtum, von Intelligenz, von noch nicht gedachten Gedanken, von mathematischen Lösungen auf die noch niemand, bis jetzt, gekommen ist. Hier in unserem Land gibt es diese Menschen, die diese Lösungen haben, hier gibt es Intelligenz und Vielseitigkeit, die nur gefordert und angetrieben werden muss, mit Aussicht auf ein gut bezahltes und glückliches Leben. Schluss mit dem Durchsuchen von Mülltonnen nach Pfandflaschen oder etwas essbarem, Schluss mit nächtlichen Einbrüchen und kommerziellen Delikten, Schluss mit Kinderarmut und unzumutbaren Lebensbedingungen. Wir müssen den Weg nach vorne gehen, nicht nach links, nicht nach rechts und auf keinen Fall zurück. Vorne lebt die Zukunft und sie lebt in den Menschen, hier in Deutschland.

Miteinander nicht gegeneinander muss die Devise heißen, die eigentlich schon sehr alt ist. Die ganzen Geschäfte, die zu Grunde gegangen sind, aufgrund von Kundenmangel und nicht zahlungsfähigen Kunden, könnten wieder auferstehen, wenn jeder Arbeit hätte. Das Land könnte noch mehr erblühen, die Innenstädte würden wieder leben, die Produktionen in den Unternehmen würden wieder ansteigen, ebenso die Kaufkraft der Menschen. Überall Lebensfreude und positive Verwandlungen. Wer kann da etwas gegen haben? Wer? Es sind keine Visionen eines kranken Menschen, es sind Visionen die so leicht greifbar sind, so einfach zu erfüllen sind, so einfach zu leben sind. Zuerst muss der Wille in der Politik geweckt werden, einer muss den Anfang machen und derjenige hätte nach Erfüllung des Konzeptes das Bundesverdienstkreuz oder den Nobelpreis verdient. Der Mann oder die Frau, die das alles in die Tat umsetzen würde, müsste gekrönt werden und man müsste ein Denkmal für sie oder ihn setzen. Ich bin mir sicher, dass es solch einen Menschen gibt. Nur…..wenn sich Leute in den eigenen Reihen oder in den Parteien selbst nicht grün sind, dann wird das alles niemals in Erfüllung gehen können. „Es kann der liebste Mensch nicht in Frieden leben, wenn es dem Nachbarn nicht gefällt." Passend, nicht wahr?

Wie soll der Weltfrieden entstehen, wenn hier in Deutschland alle uneinig sind. Tag für Tag wird hier debattiert und getagt und nichts kommt dabei heraus. Das ist alles so traurig und vor allen Dingen sehr kostspielig. „Die Betroffenen an die Macht" wäre auch ein guter Titel für ein Buch. Mal sehen, was ich daraus machen werde.

Das Thema meines Buches will auch denen helfen, die vielleicht in naher Zukunft zu Hartz IV Empfängern werden sollten. Diese Schmach und dieses Elend möchte ich gerne verhindern, denn aus Fehlern lernt man oder nicht? Die zukünftigen Arbeitslosen sollen nicht so leiden, wie die jetzigen. Wir müssen das verhindern. Die Politik muss doch wach werden und versuchen alles besser zu machen, die Seelen nicht so zu bestrafen, wie die vielen anderen. Es wäre eine große Chance für alle, für Politik und für die Betroffenen etwas zu ändern und zwar gravierend zu ändern. Sie müssen doch alle aus den Fehlern gelernt haben und vor allen Dingen aus den hohen Kosten, die entstanden sind. Ein Umdenken wäre da angebracht und sehr hilfreich. Wir alle müssen dafür aufstehen und dafür kämpfen, dass die Welt besser wird, wenigstens die Welt der Menschen, die für ihr Schicksal nichts können. Warum ist es in Deutschland so schwer, zu seinem Recht zu kommen, welches einem doch zusteht? Das Leben ist ein einziger Kampf, jeden Tag auf's Neue. Immer wieder. Manchmal habe auch ich keine Lust mehr zu kämpfen, aber Aufgeben, dieses Wort gehört nicht zu meinem Wortschatz. Schon lange nicht mehr. Nur wer kämpft ist stark und wird erhört. Und ich will, dass man uns erhört und etwas geändert wird. Nur wer eine Stimme hat, kann etwas ändern. Wir müssen nur endlich damit anfangen. Ich bin bei Euch.

Ich gehe oft durch meine Straßen und bin sehr traurig darüber, was ich dort sehe. Da gehen Menschen, die früher viel geleistet haben und stolz auf sich waren und nun nicht mehr gebraucht werden. Die einfach wegrationalisiert und nun weggeworfen wurden. Ich kenne viele Menschen davon und leide mit ihnen. Wir führen lange Gespräche, intensive Gespräche und mir brennt jedes Mal mein Herz, weil es mir so sehr weh tut, was ich da höre. Ich sehe auch in welchen Situationen diese Menschen jetzt leben, in kleineren Wohnungen und mit wenig Geld. Sie hatten früher Eigentumswohnungen, ein gut gefülltes Sparbuch und nun sind sie auf der untersten Stufe angelangt, die nächst untere Stufe wäre die Obdachlosigkeit, aber vielleicht will der Staat diese Menschen dort hintreiben, wenn ihre Seele zumacht und sie alles aufgeben was sie nun noch haben und das ist weiß Gott nicht mehr viel. Ich wiederhole mich nochmal: kein Politiker kann sich in diese Situation hineindenken, was da passiert, niemand schafft das. Sie haben in Berlin alle keine Ahnung, was das für höllische Schmerzen sind, die ein Mensch durchmachen muss, der einst oben stand, gut verdient hat und schön gewohnt hat. Er wurde bestraft, weil Firmen schlecht kalkuliert haben und den Fehler nicht einsehen oder weil sie einfach nur auf das Geld sehen und nicht auf Qualität. Qualität von guten Arbeitnehmern. Aber in unserer Welt geht es ja nur um Geld und Macht und da müssen wir Kleinen natürlich drunter leiden. Kollateralschaden heißt das Zauberwort, nicht wahr?

Warum herrscht so viel Kälte in Berlin, warum stirbt die Nächstenliebe jeden Tag ein bisschen mehr und wenn ich dann höre, dass die CDU oder CSU, die christlichen Parteien Deutschlands das auch befürworten, was hier geschieht, dann verliere ich immer mehr den Glauben an Deutschland. Die Politiker unseres Landes sehen zuerst vor ihrer Haustür, dass alles in Ordnung ist und dann kommt erst einmal gar nichts und dann kümmern sie sich vielleicht um ihr Volk. Um ihr Volk, als wenn wir Leibeigene wären, wie damals im Mittelalter. Es hat sich nichts verändert. Gar nichts. Und wenn die da oben nicht endlich wach werden, dann landen wir eines Tages in einer Katastrophe ungeheuren Ausmaßes, welches ich nicht miterleben möchte. Es wird darüber gestritten, ob ein Politiker ein Kreuz aufhängen darf. Ja sagt mal, haben wir nicht andere Probleme? Die langen Diskussionen, um ein

Kreuz irgendwo aufzuhängen oder nicht, sind doch irgendwie total sinnlos und unakzeptabel. Diese Diskussionen kosten uns so viel Zeit und Geld, das schreit zum Himmel. Und wo ist da die Demokratie, das Volk, welches sich einmischt und sagen kann: hallo, wir haben ganz andere Probleme, die gelöst werden müssen? Wo ist das Volk? Im Keller, im Dreck, auf der untersten Stufe der Politik. Es kann gar nichts sagen, es kann nicht mitreden und mitregieren. nein, das tun die hohen Damen und Herren und die kümmern sich um Scheiße, um ein Nichts, um Hausgemachte Probleme, die uns die Zeit rauben und Millionen Menschen in den Ruin treiben. Aber....es ist ja nicht ihr Ruin. Sie beteiligen sich lieber an einer Schweinezucht und an Mietshäusern, wo Asylanten wohnen und wo die Vermieterin eine Bundestagsabgeordnete ist. Die Arme wird jetzt ausgebuht. Wie schrecklich. Ja, das sind Probleme, nicht ob ein Bürger sich umbringen will, weil seine Existenz zerstört wurde. Nein, davon gibt es ja genug. Einer fällt ja nicht auf. Kollateralschaden, wie immer und immer wieder. Ich kotze gleich.

Wir drehen uns im Kreis, immer weiter und es wird immer schlimmer werden, glaubt mir. Alle Politiker sind selbstverliebt und sich selbst gehorsam. Sie denken zuerst an sich und dann an andere. Haha, an andere, welche anderen?

Ich weiß nur eins, dass all diese Probleme nicht sein müssten, wenn alle mal an andere denken würden und nicht nur an sich selbst. Warum wird Egoismus in Deutschland so groß geschrieben, deutlich größer als das Wort Liebe. Liebe gibt es hier in unserem Land schon lange nicht mehr, weil Liebe Gefühle fordert, sich selbst aufzugeben, um anderen Gefühle entgegenzubringen. Das erfordert Kraft und manchmal auch Selbstaufgabe, aber nur bis zu einem gewissen Punkt, der dann aber letztendlich auch selbst glücklich macht, aber das verstehen die wenigsten Menschen, aber auf gar keinen Fall Politiker.

Ich komme jetzt langsam zum Schluss meines Buches und möchte Euch nochmals sagen, dass es ohne Kampf nicht geht. Es soll keine Revolution geben, kein Draufhauen, das ist unlogisch und dumm. Wir müssen einfach versuchen mehr Druck zu machen, lauter zu werden und dichter an die Sache rangehen. Sie müssen uns hören, es geht gar nicht anders, sonst verrotten viele Menschen in

Deutschland und niemandem fällt es wirklich auf. Ich höre schon die Kritiker, die mein Buch auseinandernehmen werden, aber seht Euch diese Menschen mal an. Kein Betroffener wird gegen mein Buch wettern, nein es werden die Menschen sein, die nichts damit zu tun haben. Die auf der Sonnenseite des Lebens sitzen und keine Angst vor dem nächsten Tag haben. Die Leute, die wissen, was sie im Kühlschrank haben und wie sie ihn wieder auffüllen werden. Die wissen, wann ihr Geld auf dem Konto ist, wofür sie gearbeitet haben. Die auch keine Angst vor dem Leben da draußen haben, nämlich mal wegzugehen. Sie können gar nicht weggehen, weil sie es nicht bezahlen können. Mal richtig ausgehen, mit der Freundin oder dem Freund, etwas anderes tun, als fernzusehen und dumm rumzusitzen. Aber das sind wieder Bedürfnisse, die unse-

re Politiker als ganz normal emp-
finden und es genießen. Einfach
so, es gehört zum Leben, ist ganz
normal. Ja, normal ist es auch ganz
langsam zu sterben.

Das Leben eines Hartz IV Empfängers ist mit keinem anderen Leben zu vergleichen, zumal es plötzlich kommt und nicht erst ganz
langsam. Man wird arbeitslos,
kämpft 2 Jahre um einen neuen
Job, wird immer wieder abgewiesen, weil man zu alt, zu lange raus
oder was anderes falsch ist und
rutscht dann in die Hartz IV Falle.
Alles wird einem weggenommen,
man muss sich verkleinern, sein
Sparkonto muss man plündern
oder seine Altersversicherung,
nämlich eine Eigentumswohnung
verkaufen, um davon leben zu
können. Erst einmal und wenn man
dann pleite ist, so richtig schön am
Boden, dann kommt die gnädige

Hand des Staates und gewährt einem Hartz IV. Und dann bekommt man noch einen fetten Stempel des asozialen auf den Arsch geknallt und ab damit in die Welt der Schuldigen, die ja nicht arbeiten wollen, sonst wären sie ja nicht hier. Das alles kotzt mich so an.

Mein Buch wird die Situation nicht sofort ändern, aber ich will damit Euren Kampfgeist wachrütteln und Euch immer wieder sagen: Gebt niemals auf, Ihr habt alle zusammen so viel Macht und Kraft, Ihr müsst sie nur mobilisieren. Ihr seid nicht allein, niemals.

Und vor allen Dingen wehrt Euch endlich, wenn Ihr zu Ämtern müsst und man Euch dort schlecht behandelt. Lasst Euch das alles nicht gefallen, das habt Ihr nicht nötig und vor allen Dingen nicht verdient. Niemand gibt einem Menschen das Recht, über einen anderen Menschen zu richten und schon gar nicht, wie ich es schon erlebt habe, in voller Lautstärke, in einem gut besetzen Warteraum. Diese Menschen sind asozial und ungebildet, aber es ist bei denen schon so schlimm, dass sie es gar nicht mehr merken, wie schlecht sie sich benehmen. Lächeln, einfach nur lächeln und bei der nächst Besten Gelegenheit einfach mal auf den Tisch hauen. Das Gesicht Eures Gegenübers müsste man dann filmen, so dumm sieht es dann nämlich aus.

Wir alle leben hier auf dem gleichen Planeten und wir alle haben die gleichen Rechte und Pflichten. Jeder Mensch hat Stolz, Ehre und eine Seele, die er beschützen muss. Niemand ist besser oder höher gestellt. Und ich sage immer: stelle Dir einen Politiker in Unterhosen vor, dann sieht er genauso aus wie jeder Mann in Unterhosen und besitzt dann keinen Titel, der ihn nach außen hin besser machen soll. Das gibt es nämlich nicht. In der Bibel heißt es: vor Gott sind alle Menschen gleich, nur hier auf der Erde wird diese kostbare Aussage immer wieder vergessen. Es heißt nicht, dass erst, wenn wir vor Gott stehen alle Menschen gleich sind. Nein, das heißt es nicht, denn hier spiegelt sich das Leben in Gott wieder und dieses Leben haben wir alle gleich bekommen, geschenkt bekommen. Also sind wir hier, wo wir alle leben, alle gleich, auch wenn viele Menschen das nicht begreifen. Es ist so und da lässt sich auch mit viel Geld nichts ändern.

Kämpft für Euer Leben und für Eure Zukunft, mit mir. Martina

© 2018
Herstellung und Verlag: BoD –
Books on Demand, Norderstedt.
ISBN: 9783752823448